和ごころ、こと始め。

日本のたしなみ帖

Can you introduce the charm of Japan?

Lucky charms

縁起物

福を招くかたち

自由国民社

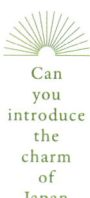

はじめに

お正月のお節料理、節分の福豆、鯛、だるま、招き猫…ちょっと考えただけでも、日本には縁起物がたくさんあります。季節の変わり目に、人生の節目に、私たちは縁起物に願いを託してきました。

でもふと考えると、なぜその縁起物を使うのかは、意外と知らなかったりします。

そこで、本書では、日本の縁起物の世界に分け入ってみました。

第1章では、「行事と縁起物」と題して、四季折々の行事に使われる縁起物を取り上げました。

第2章の「お守りと縁起物」では、災いから守ってくれるお守りや、神様と交信して力を受け取る縁起物を見てみました。

第3章の「お祝いと縁起物」は、さまざまなお祝いに登場する、縁起のよい食べ物やお祝い品を、第4章の「動物・植物と縁起物」は、神様のお使いとして活躍する動物をはじめ、幸運を招く動植物を取り上げました。

縁起物の豊かな世界に触れると、例年通りにと思って何気なく行っていた年中行事や、それと気づかず使っていたありふれた物までが、にわかに神様の力を宿し、目の前に現れてくるはずです。

この本を活用し、縁起物のパワーをいただいて、大いに縁起を担いで下さい。

Introduction

Osechi cuisine at New Year's, "lucky beans" for the end of winter by the lunisolar calendar, sea bream, Daruma dolls, "beckoning cat" figurines. . . . If you think about it even just a little, you quickly come to realize that Japan has all kinds of good luck charms. Known collectively as engimono, Japanese have long pinned their hopes and dreams to these charms when one season ends and the next begins, or at important turning points in their lives.

Yet surprisingly, few of us actually know why these specific lucky charms are used. To answer such questions, we invite you to read on and enter the world of Japanese engimono.

In Chapter 1, "Festivities and ***Engimono***," we look at the lucky charms that are used for the festivals and events that take place over the four seasons.

Chapter 2, "Protective Amulets and ***Engimono***," focuses on the amulets (omamori) believed to protect their bearers from calamities and the lucky charms through which they can interact with and draw energy from the deities.

Chapter 3, "Celebrations and ***Engimono***," takes up the foods deemed to be lucky as well as the gifts given as tokens of goodwill that tend to show up at various celebrations, while Chapter 4, "Animals, Plants, and ***Engimono***," examines the flora and fauna deemed to invite good fortune such as the animals that serve as messengers from the deities.

Once you become familiar with the rich world of lucky charms, then the power of the deities that has been imbued in all the annual rites and events you participated in without a second thought and in a wide range of objects you had been using so casually should suddenly become plain.

We invite you to use this book, draw on the power of engimono, and find new meaning in old superstitions!

―目次　縁起物　福を招くかたち―

第1章　行事と縁起物　8

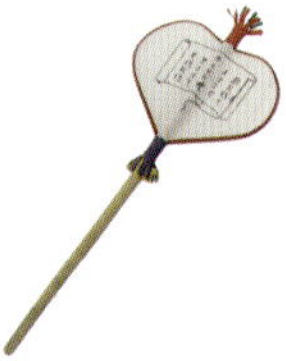

縁起物とは
願いを託して、福を招き寄せる手段

仏教では、万物は互いに縁となって生起すると説きます。この世は「一方がなければもう一方もない」というように、諸々のものがすべて「縁《よ》りあって」存在しており、その存在の仕方を「縁起」と呼んでいます。

仏教の教えとは別に、日本では、寺社や諸神諸仏の開基、由来、霊験、またはそれらを記したものを縁起と呼んでいました。それが転じて、「良いことの起こる兆し」「悪いことの起こる兆し」も縁起と呼ぶようになり、縁起の良し悪しをいうようになりました。「縁起を担ぐ」「縁起でもない」という言葉は、今でもそういう意味で使われています。

良い縁起を得れば運が開け、悪い縁起に出会えば不運な結果を招くということですから、誰しも良い縁起を得たい、悪い縁起は祓いたいと望みます。そこで、災いを防ぎ、福をもたらす「おまじない物」が出現し

ました。それが縁起物で、たいがいは神社や寺院から授与されるものです。もちろん中には、寺社には関係なく、語呂合わせや色や形の連想、たまたま幸運に導かれたことなどから、縁起物に昇格したものもあります。

そして不安やストレスに満ち満ちた現在。こんな時代だからこそ、「これを持っていれば、いいことがあるにちがいない」「魔が近寄ってきても追い払ってくれる」「いつも以上の力が発揮できる」などなどの理由から、私たちは縁起物にさまざまな願いを託して、瑞気《ずいき》や幸運、福を招き寄せようとします。そして願いが叶えば、「ありがとうございました」と寺社にお返しし、あるいは「また次もよろしくお願いします」と願いを更新します。

迷信だと退けてしまうのは簡単です。でも、こんなに科学万能の時代にあっても、私たちは、身近なところで、神様仏様や目に見えないものとやり取りしていることが度々あるのではないでしょうか。その仲立ちをするのが縁起物だといえるでしょう。

第 1 章 行事と縁起物

Festivities and *Engimono*

正月

お節料理

Osechiryori

節目《ふしめ》のお祝いのお供え

おせち(御節)は、節日《せちにち》に供える食べ物、「節《せっ》供《く》」を略したものです。

節日とは一年の節目に当たりお祝いをする日で、一月一日(元日)、一月七日(人日《じんじつ》)、三月三日(上巳《じょうし》)、五月五日(端午《たんご》)、七月七日(七夕《しちせき》)、九月九日(重陽《ちょうよう》)などが代表的な節日とされます。この日は神様にお供えをし、人もいっしょにそれを食べることで、神様から力を授かり、守護を得られるものと考えました。

数ある節日のお供えのうち、今ではお正月の料理だけ「お節料理」と呼ぶようになりました。

お節料理の食材や料理には、それぞれ意味があり、新年を迎える人々の願いが込められています。

鰤《ぶり》　鰤は成長により名前が変わる出世魚。立身出世を願って、焼き物にしたり、長野や福岡のようにお雑煮に入れる地方もある。
写真提供：味の素(株)

お節料理の重詰め　本来は五段重ねであったというが、現在は段数も詰める食品も、さまざまになっている。五段重ねの場合は、五段目は何も入れず、「来年こそはこの重をいっぱいにできますように」と願う。

お正月の和菓子　はなびら餅。　白い餅に小豆汁で染めた紅色の菱餅《ひしもち》を重ね、白味噌餡と甘く煮たごぼうをはさんだ正月の和菓子。ごぼうは鮎《あゆ》を見立てたもの。餅の代わりに求肥《ぎゅうひ》を使うことも。宮中の正月行事に由来する。菱葩餅《ひしはなびら》ともいう。

れんこん

穴がたくさんあいているので、将来の見通しがきくという縁起のよい食べ物。酢れんこんや煮しめに用いられた。

海老

海老の姿から、腰が曲がり、ヒゲが長く生えるまで長生きしますようにと祈願する縁起物。

里芋（八頭《やつがしら》）

里芋は、親芋に小芋がたくさん付くことから、子宝にたくさん恵まれますように、八頭は、「頭になる」すなわち人の上に立つことを願う。写真提供：味の素(株)

たたきごぼう

地中に深く根をはるごぼうのように、家もしっかりと倒れないようにとの願いから。黒い色が邪を祓うともいわれた。

数の子

ニシンの卵である「かずのこ」は、卵の数が多いので「数」の字をあてて書く。「二親（ニシン）から多くの子が出る」といって、子孫繁栄を意味する。

田作り

小さな片口鰯《いわし》の素干し（ごまめ）を炒って味付けした。昔、鰯は田植えの肥料にしたことから、田作りという。ごまめは「五万米」とあて、豊作の縁起を担ぐ。

昆布《こぶ》巻き

「昆布」は「喜ぶ」に通じ、お祝いには欠かせない。また、「子生」とあてることもあり、子孫繁栄を願う意味もある。鏡餅の飾りにも用いられる。

伊達《だて》巻

伊達巻は形が巻いてあることから、巻物すなわち書物を連想し、学問成就を祈願する。女性が和服で用いる細い帯の「伊達巻」から名が付けられたという説もある。

紅白のかまぼこ

かまぼこの半月形が日の出を表している。赤は魔除け、白は清浄を意味し、紅白で祝いの料理を彩る。

くわい

最初に大きな芽が１本出ることから、出世を意味し、縁起がよいとされた。

黒豆

「まめ」とは、勤勉、体が丈夫なさまを意味する。その言葉にあやかり、「まめに働けますように」「まめに暮らせますように」という願いを込める。

栗金団《きんとん》

金団は、金の団子のこと。財宝をイメージしている。昔は干した栗を臼で搗《つ》いた搗《か》ち栗が供された。「搗ち」が「勝ち」と通じ、出陣や勝利の祝いにも用いられた。

正月

鏡餅

Kagamimochi

丸い餅に歳神《としがみ》様が宿る

お正月は、歳神様へ鏡餅をお供えします。大小二つの丸い平たい餅を重ね、神棚や床の間などに供えます。

鏡餅という名が示すように、その形は神霊の宿る鏡に似せているともいわれています。

丸い餅に歳神が宿るとし、それを食べることによって、神の力を体内に取り込み、生命力を更新させると考えられていたのです。

裏白《うらじろ》や海老《えび》、干し柿、橙《だいだい》などを飾りつけることもあります。葉を、裏の白い方が見えるように敷くのは身の潔白を表し、上に載せる橙は、実が熟してもなかなか木から落ちないことから、家が代々栄えるようにという縁起物です。

鏡餅　1月11日の鏡開きでは、鏡餅を木槌で割って、雑煮や汁粉に入れて食べる。鏡餅を6月1日まで保存し、「歯固め」として食べるところもある。歯固めの歯とは齢《よわい》すなわち年齢のことで、固いものを食べて長寿を願った。

お雑煮 Ozoni

正月

関東風雑煮
角餅にしょうゆ仕立てのすまし汁。具は鶏肉や小松菜、人参など。餅は焼くことが多い。

関西風雑煮
丸餅で白味噌仕立て。具は八頭（里芋）、人参、大根など。餅は焼かずに煮る。

写真提供：味の素(株)

全国各地、多種多様

昔は、一日の境は夕暮れであると考えられていました。一年の始まりも夕暮れ、つまり大晦日の夕食が年越しのお祝いの食事でした。このとき歳神様に奉げた供物を翌朝に下ろして、野菜や魚を加えて煮たものが雑煮であったといいます。

江戸などの都市や水田地帯では、餅を入れましたが、畑作地帯では「餅無し正月」といって、里芋やそば粉や野菜を使った雑煮が食べられていました。雑煮は新しい年の家内安全、豊作を祈って神と共に食べるもので、その土地の作物を使うのが本来でした。

餅なし雑煮は少なくなりましたが、汁粉仕立てや鰤雑煮など、地域や家庭により多彩な雑煮が食べられています。

お屠蘇

Otoso

屠蘇器セット　３つの盃すべてを使うのが正式だが、中盃だけを用いてもよい。２度注ぐ形をして３度目に注ぎ、飲む時にも２度口をつけて３度目に飲むのが一般的な作法。

邪気を祓う薬酒

屠蘇《とそ》とは、「邪気を屠《はふ》り、魂を蘇らせる」という意味があり、元旦に飲むと寿命が延びるといわれています。

肉桂《にっけい》、陳皮《ちんぴ》、山椒《さんしょう》、白朮《びゃくじゅう》、桔梗《ききょう》などの生薬が配合された薬酒で、胃腸の働きを良くし風邪予防の効能があります。

平安時代に唐から伝わり、宮廷の正月行事に用いられていましたが、江戸時代に庶民にも広まりました。

現代では、薬局などで売っている「屠蘇延命散《えんめいさん》」（屠蘇散）を、お酒やみりんに浸してつくります。

お屠蘇を飲むには、正式には屠蘇器と三つ重ねの盃を用います。一つの盃を回して飲みますが、それは、神と人、人と人との結びつきを強める役割があります。

お年玉

Otoshidama

正月

歳神様からの贈り物

ぽち袋　「ぽち」とは、「少し」という意味で、旅館や料亭で働く人への心づけや祝儀を入れるのに使われていた。水引のついたご祝儀袋ほど大げさでない「こころばかりの」という気持ちを表している。

子どものころ、お正月で一番楽しみだったのは、何と言っても「お年玉」ではないでしょうか。

かつてお年玉は年の初めの贈り物全般を意味しました。それはお歳暮などとは違い、目上の人から贈られるものでした。

「歳神様《としがみ》からの賜《たま》わり物」とも考えられており、鹿児島県の甑島《こしき》では、トシドン（歳神）に扮した村人が家々を訪れ、子どもたちに配る丸いお餅を「年玉」と呼んでいます。

餅をたくさん供え、皆に分ける風習などから、歳神様へのお供えであると同時に、歳神様から分け与えられるもの、すなわち神との「共食」が本来の「お年玉」であったということです。

正月

初日の出

Hatsuhinode

御来光《ごらいこう》に仏の来迎《らいごう》を見る

元日の朝、富士山をはじめとした山々や海岸では、この年初めて昇ってくる太陽を見るために、多くの人々がつめかけます。太陽は太古の昔から崇拝と信仰の対象でした。

民間に初日の出の特別な年中行事は伝えられていませんが、江戸では洲崎《すさき》・高輪《たかなわ》・芝浦・愛宕山《あたごやま》など海が見渡せる所では、初日の出を見物する人たちで賑わったといいます。

高山で見る日の出のことを「御来光」というのは、山で太陽を背にして日の出を見た時、雲や霧に映った自分の影が、まるで輝く光背を背負った仏が「来迎」するように見えたことから生まれた言葉で、日の出の神々しい体験を物語っています。

『江戸名所　洲崎はつ日の出』
歌川広重。江戸時代後期の作。洲崎は現在の東京都江東区東陽町１丁目。（写真提供：国会図書館デジタルコレクション）

正月

破魔矢

Hamaya

弓を射て魔を祓い、一年を占う

破魔矢　神社で新年に授与される。その年の干支《えと》の絵馬が付いたものもあり、一年の間飾る縁起物とされる。

お正月、神社で授与される「破《は》魔《ま》矢《や》」は、もとは「はま弓・はま矢」といってお正月、弓の技を試す「射礼《じゃらい》」で使われたものです。

「はま」は、神占《しんせん》のことども、的《まと》のことともいわれ、弓矢は悪霊や邪気を退散させる力があると考えられていたことから、のちに「破魔」の字があてられました。

新年、神社では弓矢を使った神事が各地で行なわれます。流鏑馬《やぶさめ》や歩いて弓を射る「歩射《ぶしゃ》」があり、弓で的を射て邪気を祓い、吉凶や豊作を占います。

男の子の初正月に弓矢の飾りを送る風習や、新築の際、上棟式で破魔矢と破魔弓を北東に向けて飾る「鬼門除け」も、広く行なわれています。

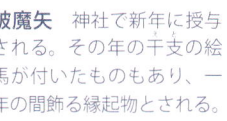

正月

羽子板

Hagoita

浅草寺の羽子板市　12月17日～19日、東京の浅草寺で、納めの観音縁日に立つ市。江戸時代、羽子板が正月の縁起物として歳の市で売られるようになったのが始まり。

羽根つきは蚊に食われないまじない

古くは羽子板のことを「胡鬼板《こきいた》」とも呼びました。羽根のことは「胡鬼子《こきのこ》」といい、蚊を食うトンボを模してつくられました。羽根つきは、子どもが蚊に食われないまじないや厄除けだったといいます。また正月の厄除けに、宮中の左義長《さぎちょう》（小正月の火祭り）で焼かれたともいいます。

江戸時代、文化・文政期（一八〇四～一八三〇年）には、歌舞伎役者を描いた押し絵羽子板がつくられ、人気を呼びました。また、女の子の初正月、邪気除けに贈られるようになりました。

羽根つきの遊び方は、二人向かい合って羽根をつき合う「追い羽根」と、一人でついて数を競う「突き羽根」（または「揚げ羽根」）があります。

羽根　ムクロジの種子に羽を刺したもの。ムクロジに「無患子」の漢字をあて、子どもが患わないよう願いを込めた。

正月

凧 Tako

浜松の凧揚げ　5月3日～5日、浜松市の中田島砂丘で開かれる凧揚げ合戦。

大空高く昇って運気も上昇

凧は本来、子どもの遊びではなく、村同士が凧揚げ合戦をし、この一年について神意を伺う「年占《としうら》」だったといいます。また、男児が誕生するとお祝いに凧を贈り、それを揚げて成長を祈る風習もあります。魔除けや火防《ひぶせ》に飾ることもありました。

凧は平安時代には中国から伝来していましたが、遊びとしての凧揚げが盛んになったのは、江戸時代になってから。大坂から江戸に伝わり、大きさや華美を競って禁止令が出るほどでした。

「タコ」という名は、江戸で広まったもので、他にイカ、ノボリ、ハタ、タツなどの呼び名があります。揚げる時期は正月のほか、二月の初午《はつうま》、三月や五月の節句など、さまざまです。

出雲の祝い凧　鶴と亀の文字が描かれている。出雲大社の背後には「鶴山」と「亀山」があり、それぞれ宮司が住んでいた。出産の祝い事があると凧を揚げたのが、鶴亀の祝い凧の始まりという。

門松 Kadomatsu

正月

門松　門松の松は、かつて多くの地方では、12月13日に「松迎え」といって山から採ってきた。「松の内」といわれる7日まで立てておくのが一般的である。

歳《とし》神《がみ》様の依《よ》り代《しろ》

正月、家の門や玄関の前に立てる門松は、歳神《としがみ》様が降りてくる目印となり、神様がそこに鎮座すると考えられていました。

松以外の榊《さかき》や楢《なら》、杉、朴《ほお》、椿などを立てていたこともあり、常緑樹や青木に神様が宿るという古来の考えに基づくものです。

ことに松は、能の舞台にも描かれているように、神様の依《よ》り代《しろ》となる神聖な木とされていました。

竹を添えるようになったのは鎌倉時代以降、現代のように左右一対になったのは江戸時代以降と思われます。

門松を二九日に立てるのは「苦立て」、三一日は「一日飾り」といって忌まれています。

正月

注連飾り

Shimekazari

玉飾り　東日本の玄関先に飾られる注連飾り。注連縄を輪にし、裏白や紙垂《しで》の他、譲《ゆずり》葉《は》、橙、海老、扇、水引などが飾られる。

西日本の注連飾り　西日本で多く見られる注連飾り。注連縄に藁の前垂れを付け、紙垂や裏白などを付けるのが特徴。

縄で区切って聖域に

新しい年、歳神様をお迎えするのにふさわしい、清浄で神聖な空間をつくり出すのが注連《しめ》縄です。

シメは「占め」であり、神様の占有地を示す印を意味します。注連縄は俗界と聖域を区切る役割を持つとともに魔除けの力もあると考えられています。注連縄の起源は、天照大神が天の岩戸から出てきた時に、再び入ることができないよう、岩戸の入り口に縄を渡したことが始まりといわれています。

正月、一般の家では、簡略にした「注連飾り」や「輪飾り」が飾られます。歳神様を祀る年棚をはじめ、玄関や床の間、台所の「竈《かまど》の神」「井戸神」、トイレの「厠《かわや》の神」にも飾り、お祀りします。

七福神 宝船

Shichifukujin, Takarabune

正月

港七福神　宝船のおやしろ
十番稲荷神社
宝
なかきよのとをの
ねふりの
みなめさめ
なみのりふねの
をとのよきかな
十番稲荷神社

宝船「なかきよの　とおのねふりのみなめさめ　なみのりふねの　おとのよきかな」（永き世の　遠の眠りのみな目ざめ　波乗り船の　音のよきかな）の回文が書かれている。回文は終わりがなく、縁起がよいとされた。十番稲荷神社（東京都港区）

幸せは海の彼方から

七福神が乗り、財宝を山積みした宝船は、縁起物の代表格です。宝船の絵を枕の下に敷いて寝るとよい初夢が見られるといわれ、江戸時代には「お宝、お宝」といって売り歩く「お宝売り」がいました。

悪い夢を見た時は、その絵を水に流したともいわれ、幸せは海の彼方からもたらされ、災いも海に流すという古くからの考えによる風習といえるでしょう。

宝船に乗る七福神の信仰は、もとはえびす・大黒の二神を祀る習俗の流行が始まりだったといいます。七という数は仏典の「七難七福」に由来し、その絵は中国の禅画「竹林の七賢人」を基にしているといわれています。

えびす

恵比寿・戎・蛭子などとも書く。漁業・商業・五穀豊穣の神。釣竿と鯛を持つ。七福神の中で唯一、日本の神話出身。

毘沙門天《びしゃもんてん》

福徳増進の神。甲冑を着て、宝棒（仏敵を打ち据える棒）と宝塔を持つ。古代インド神話の神が仏教に取り入れられた。別名、多聞天。

大黒天《だいこくてん》

農業・商業の神。福袋と打出の小槌を持ち米俵に乗る。もとはインドの神だが、日本で大国主命と神仏習合した。

福禄寿《ふくろくじゅ》

幸福・禄（富）・長寿をそなえる。頭が長く、経巻を結びつけた杖を持ち鶴を伴う。道教の神。

弁財天《べんざいてん》

弁才天とも書く。学芸・音楽の女神。琵琶を持つ。蓄財の神としても信仰される。もとはインドの神。

布袋《ほてい》

福徳を授ける。中国の実在の僧がモデル。大きなお腹で、布の袋と杖を持って乞食して歩いた。弥勒菩薩の化身ともいわれる。

寿老人《じゅろうじん》

不老長寿の神。杖を持ち鹿を従える。この鹿は千五百歳を越え、食べると長寿を得られるという。もとは中国の神。

七草

七草粥

Nanakusagayu

春の七草　民間の行事では、七草を刻む時に「七草なずな、唐土の鳥が日本の国に渡らぬ先にストトントン」などと唱えた。年の始め、豊年を願う行事が七草粥に結びついたといわれる。

若菜のパワーをいただく

春の新菜、七草を刻んで粥《かゆ》に入れたものが七草粥で、一月七日にいただき、無病息災をお祈りします。

平安時代、貴族たちは一月最初の子《ね》の日に行楽に出かけ、若菜摘みをしました。それを羹《あつもの》（熱い吸い物）にして食べ、病災を祓う行事がありました。

人日《じんじつ》（一月七日の節句）の日に粥を食べる風習も中国から伝わり、若菜を入れて七草粥として食べるようになりました。

人日は中国の古い習俗ですが、日本でも七日は七日正月といって、大正月が終わり、小正月準備が始まる節目とされました。七草粥や七草をゆでた汁に爪をひたして切るなどのまじないをして、邪気を祓いました。

福笹 Hukuzasa

十日戎

福笹の授与　七福神にも数えられるえびす神は、福徳を授けてくれるとされ、11月のえびす講も大変な賑わいをみせる。正月の十日戎では、福娘から福笹が授与される。西宮神社（兵庫県西宮市）

縁起物を下げた笹で繁盛祈願

福笹「商売繁盛で笹持ってこい」のかけ声でも知られる。米俵、小判、千両箱、鯛、小槌、鈴などの縁起物をつける。西宮神社（兵庫県西宮市）

近畿地方のえびす神社は「えべっさん」の愛称で親しまれ、正月十日の初えびす「十日戎《えびす》」は多くの人で賑わいます。えびす神社の総本社兵庫県の西宮神社では、十日朝の開門後、本殿にいち早く到着した一〜三番の人が福男に認定される「開門神事福男選び」が行われ、広く全国に知られています。

漁業や農業の神様であったえびす神は、商業の発展によって、商人を護る神様にもなりました。十日戎では、福笹（吉兆笹）に「吉兆」「子宝」といわれる宝物を下げ、家に持ち帰って飾ると福を授かるといいます。青々とした笹竹は神様の依《よ》り代《しろ》になり、縁起物をたくさん付けて、商売繁盛・福徳円満を祈念します。

左義長
Sagicho

年初の火祭り

正月と盆はともに悪霊を追い払い、浄化する火祭りが行われます。小正月の火祭りが「左義長《さぎちょう》」で、正月のお飾りや役目を終えただるま、書初めなどを持ち寄り、河原や道祖神の祭場などで燃やします。「どんど焼き」「賽《さい》の神」などさまざまな呼び名があります。

この火にあたり、焼いた団子や餅を食べると風邪をひかないとか、燃やした書初めが高く上がると習字が上達するといわれました。昔は子ども組が小屋をつくって、一晩寝食を共にすることもありました。

平安時代宮中で、毬杖《ぎっちょう》という毬打ちの遊具を三本立てて焼く行事が行われており、「左義長」の語源ではないかといわれています。

どんど焼き（賽《せい》の神） 竹笹でやぐらを組んで、外側にだるまなどをくくりつけ焼く。煙に乗って、歳神《としがみ》様が帰るともいわれていた。（川崎市麻生区）

小正月

餅花 まゆ玉

Mochibana, Mayudama

団子木（まゆ玉・餅花） 左下のかんざしのようなものが「稲穂」。団子や稲穂のほか、色鮮やかな鯛や小判の縁起物が加わった。（山形県米沢市）

豊作を再現して祈る

一月一五日を中心とした、新年の行事を小正月といいます。小正月は、新年最初の満月を正月とした太陰暦の頃の名残りであるともいわれています。

小正月では農業の予祝《よしゅく》（豊作を祈って行う前祝い）行事が多く行われます。餅花・まゆ玉を飾るのもそのひとつで、このように作物が豊かに実りますようにとの願いが込められています。

餅花は、小さな餅やだんごを白膠《ぬる》木《で》・水木《みずき》・柳などの枝に刺して家の中に飾ります。

まゆ玉は「マイダマ」というところもあり、「米玉」の意味ではないかという説もあります。繭の生産が盛んになると、繭を模した繭玉がつくられるようになり、二月の初午《はつうま》に飾るところもあります。

豆 Mame

節分

もとは年越しの行事

生田神社の豆撒き神事　一般の年男や年女に加えて芸能人やアスリートが豆を撒くとあって、毎年たくさんの人がつめかける。（兵庫県神戸市）

炒り豆　炒った豆は福豆という。めいめい歳の数だけいただき、家内安全を祈る。

節分とは文字通り、季節を分けることを意味します。立夏・立秋・立冬の前日も本来節分ですが、立春を一年の始まりと考える風習があり、また旧暦の正月がこの頃にあたることから、立春の前日だけを「節分」と呼ぶようになりました。

節分の行事で代表的なのは豆撒きです。その起源は奈良時代中国から伝わった「追儺《ついな》」の行事です。宮中では大晦日、疫鬼を桃の弓や杖などで追い払う追儺が行われました。やがて豆をまいて悪鬼を追い出す行事が寺社で行われ、庶民にも広まりました。

豆は、邪気を祓う呪力があると考えられ、疫病や疱瘡《ほうそう》などの病気を豆に託して辻に捨てる風習もありました。

節分

恵方巻き

Ehomaki

太巻き寿司　巻き寿司なのは「福を巻き込む」から、切らないで食べるのは「縁を切らない」ためといわれています。写真提供：味の素（株）

大阪が発祥、全国区の風習に

近年、盛んに行なわれるようになったのが、恵方《えほう》巻きの丸かぶりです。

恵方とは、その年の福徳を授ける歳徳神《としとくじん》がいるところで干支《えと》に基づいて決められる縁起の良い方角のことです。

恵方に向かって無言のまま、太巻き寿司を丸かじりすると福を呼ぶというのですが、起源は定かではありません。

少なくとも戦前から大阪で行われていたのが、一九七〇年代、大阪の海苔問屋組合が節分のイベントとして行ったのがきっかけで関西地方に広まり、さらに一九八九年からコンビニが「恵方巻き」の販売に力を入れ、全国的に行われるようになりました。販売業者が仕掛けた、新風習のひとつといえるでしょう。

雛祭り

雛人形
Hiinaningyo

青島神社の神雛　「願かけ雛」とも呼ばれる。頭は土、体は紙でできており、穢れを形代に移して祓った、古い形の雛人形の姿を伝えている。（宮崎県宮崎市）

人形遊びと祓いの習俗

中国では、三月最初の巳《み》の日（後に三月三日）を「上巳節《じょうしせつ》」といい、川で身を清め、邪気を祓いました。

日本でも古くから、紙や植物でつくった人形《ひとがた》で体をなでて災いや穢《けが》れを移し、川や海に流す風習がありました。

これらと、平安貴族の子女がしていた人形遊び「ひいな遊び」が結びつき、雛《ひな》祭りになったといいます。

室町時代に、飾り雛がつくられますが、その頃の人形は紙の立雛《たちびな》でした。

「雛人形」という言葉が生まれたのは江戸時代。今日のような十二単《ひとえ》を着た雛人形がつくられたのは江戸中期からです。雛祭りはしだいに節句の意味がうすれ、雛人形も女の子の幸せを願う縁起物になりました。

もちがせの流し雛　鳥取市用瀬《もちがせ》では、旧暦３月３日、男女一対の紙雛を桟俵に乗せて、千代川《せんだい》に流す行事を今も行う。

桃 Momo

雛祭り

鬼も追い払う呪力

桃カステラ　長崎の郷土菓子で、雛祭りの縁起菓子として親しまれている。初節句の家がお祝いのお返しとして親戚などに配ることもある。

桃の背守り　桃の実は長寿を表す縁起の良い図案とされ、背守り（92ページ参照）にも用いられた。

三月三日は「三月節句」「桃の節句」といい、桃の花を飾ったり、桃花酒を飲む風習があります。桃は多くの実がなることから、多産の象徴といわれ、その生命力から、不老長寿、魔除けの力があると考えられました。

記紀には、イザナギノミコトが黄泉《よみ》の国でイザナミノミコトの怖ろしい姿を見てしまったため、黄泉軍《よもついくさ》や雷《いかずち》に追われ、桃の実を投げて撃退したとあります。桃太郎の昔話も、桃の力による鬼退治とみることができます。

雛祭りと桃の結びつきは、旧暦の三月三日頃が桃の花の季節ということもあり、桃の呪力で節句の厄除けを行っていたのです。

雛祭り

はまぐり・草餅・白酒

Hamaguri Kusamochi, Shirozake

草餅と白酒　３月の節句に、草餅は菱餅より古くから食べられていた。白酒は粘り気があり甘みが強い。アルコール分は９％前後。

はまぐりの潮汁《うしお》　3月3日に、近くの海や山へ出かけ、皆で食事をする「山遊び」「磯遊び」の風習もあった。雛祭りには、はまぐりのほかにさざえや赤貝を食べる習慣があり、磯遊びの名残りという説もある。

旬のパワーで節目を乗り切る

節句は一年の節目のお祭りですが、そこでは旬のものが多く用いられてきました。

三月の節句は、はまぐり、草餅や菱餅《ひしもち》、白酒などでお祝いします。

はまぐりは、貝のじん帯（蝶《ちょう》番《つがい》）のところが、同じ貝としか合わないようにできていることから、夫婦和合のシンボルとされた縁起物です。

旬のパワーといえば、草餅をつくる蓬《よもぎ》も霊力の強い植物とされました。蓬は繁殖力が旺盛で香りが強く、邪気祓いにふさわしい食物です。

中国から伝わった桃花酒は、節句に欠かせないものでしたが、江戸時代になると、白酒も飲まれるようになりました。

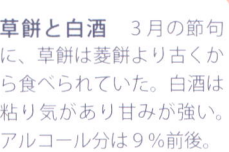

お彼岸

ぼたもち

Botamochi

ぼたもち　春の彼岸は「牡丹餅」が転じて「ぼたもち」に、秋の彼岸は萩の花にちなんで「おはぎ」というのが一般的だが、地方によって呼び名はさまざま。写真提供：味の素（株）

春は「牡丹餅」、秋は「お萩」

春分・秋分を中日として、その前後三日ずつの一週間を「お彼岸」といいます。この日は太陽が真西に沈むことから、阿弥陀様のいる浄土が正しく示されるといい、寺院で彼岸会《ひがんえ》が催されるようになったといいます。

またお彼岸の期間に一日、「日のお供」「日迎え日送り」といって、太陽を拝んで歩く行事がありました。「彼岸」は「日の願」の語からきているという説もあります。

彼岸に太陽を拝み、先祖を供養するという慣わしが、仏教の彼岸会と結びついて、今の行事になったと思われます。

先祖へは、邪気祓いに力のある、小豆でつくったぼたもち（おはぎ）が供えられました。

端午の節句

菖蒲

Shoubu

菖蒲の魔除け　軒に菖蒲と蓬を葺いて魔除けにしたという記述は、平安時代の『枕草子』にも見える。（東京都港区畠山記念館）

菖蒲　サトイモ科の多年草。香りが強く、根は薬にもなる。節句では、菖蒲湯や菖蒲酒に利用された。なお、紫の花が咲く花菖蒲やあやめはアヤメ科で、これらには使わない。

香りと薬効で邪気悪霊を祓う

端午《たんご》の節供の「端」は「初」という意味。「端午」は月の初めの午《うま》の日を表します。午《ご》が五に通じ、数を重ねることを重んじる風習から、古来中国では五月五日に祭りを行いました。

旧暦五月は高温多湿で、伝染病や害虫が発生する時期です。菖蒲《しょうぶ》や蓬《よもぎ》は香りが強く、薬効に優れたことから、門戸に架けて魔除けにしたり、菖蒲酒を飲んで、悪鬼を祓い、無病息災を祈りました。

こうした風習が平安時代、日本にも伝わり、貴族の間では、菖蒲を髪に刺す「菖蒲蔓《かずら》」、枕の下に敷く「菖蒲枕」などで邪気を祓いました。葉が剣のようにとがっていて香りの強い菖蒲は、呪力が強い植物と考えられたのです。

端午の節句

鯉のぼり

Koinobori

立身出世のシンボル

鯉のぼり　最初は真鯉（黒い鯉）のみで、明治以降、赤い緋鯉が加わった。現代では家族を表すものとして、子鯉を子どもの人数分飾ることもある。

五月の節句に、菖蒲による邪気祓いが広まっていくと、菖蒲の音が尚武（武道を重んじること）や勝負にも通じるといわれ、武家に生まれた男の子をお祝いする日になりました。武家では、家紋を染めぬいた幟や吹流し、武者人形が、玄関の前に立てられました。

一方、江戸時代、町人の間で生まれたのが鯉のぼりでした。鯉のぼりは、「『龍門』という激流を登りきった鯉が龍になった」（登竜門）という故事から、立身出世を願ってつくられました。

鯉のぼりの竿の先には、古くは榊や杉などの枝がくくりつけてあり、神を招く依《よ》り代《しろ》だったといいます。それが駕籠《かご》玉《だま》という竹で編んだ駕籠になり、現在の矢車の先の玉は、その名残りということです。

端午の節句

粽・柏餅

Chimaki , Kashiwamochi

粽は関西、柏餅は関東が中心

粽　本来は茅萱で包んでいたが、真菰《まこも》や笹も用いられるようになった。

柏餅　柏の葉は、上代より、甑《こしき》や蒸籠《せいろ》に敷いたり、食器として用いられた。

五月の節句に粽《ちまき》を食べるようになったのは、中国が起源といわれています。中国では古来、粽は水神への奉げ物でした。それが、「屈原《くつげん》という王族が川に身を投げ、命日に粽を投げ入れ供養した」という故事と結びついて、屈原の命日の五月五日に粽が食べられるようになり、日本にも伝わりました。

「チマキ」とは本来、チ＝茅萱《ちがや》で巻いた餅のことです。茅萱には呪力があると考えられ、魔除けに使われてきました。

柏餅が端午の節供に登場するのは粽よりかなり後の江戸時代です。「柏の葉は新芽が出るまで古い葉が落ちない」ことから、家が途絶えない、子孫繁栄の縁起物になりました。

茅の輪 Chinowa

夏越の祓え

茅の輪のお守り　神社で授与されるお守り。茅の輪の材料である茅萱は、古くから魔除けに用いられていた。大神神社（奈良県桜井市）

くぐって厄祓い

茅の輪くぐり　くぐり方は、まず左足から入り、左回り右回りと八の字に回るのが作法とされている。笠間稲荷神社（茨城県笠間市）

宮中や神社では「大祓《おおはらえ》」という祭祀が年に二回、六月と十二月の晦日《みそか》に行われます。一年を二分し、新しい時期に入るため心身を清める行事です。六月の方を「夏越《なごし》の祓え」といいます。

神社の夏越神事では「茅《ち》の輪《わ》くぐり」が代表的です。これは「茅の輪」と呼ばれる茅萱《ちがや》でつくった大きな輪を神社の鳥居や拝殿に置き、くぐると罪・穢れが祓われ、厄を免れるというものです。

また、人形《ひとかた》に名前を書いて息を吹きかけ、海や川に流す行事もあります。

茅の輪くぐりは、スサノオノミコトが、疫病の神である牛頭天王《ごずてんのう》から授かった茅の輪により災いを免れたという「蘇民将来譚《そみんしょうらいたん》」が起源といわれています。

七夕

七夕竹

Tanabatatake

裁縫の上達を願い、穢れを祓う

七夕竹　古くから、青々とした生命力溢れる笹竹は精霊や神の依《よ》り代《しろ》とされ、笹の葉の擦れるサラサラとした音に清めの力を感じ、神事にも使用されていた。

一年に一度、七月七日に牽牛星《けんぎゅうせい》と織女星《しょくじょせい》が出会うという話はよく知られています。中国では七月七日の夜、織女にあやかって裁縫の上達を願う「乞巧奠《きこうでん》」の祭りが行われました。それが日本に伝わり、宮中の年中行事になりました。

笹竹を立て、五色の短冊に詩歌を書いたり、手習いの上達を願うようになったのは、江戸時代、七夕が庶民にも広まってからです。五色の短冊は、乞巧奠に供えられていた五色の糸に由来するものです。

七夕竹は「七夕送り」といって、お祭りが過ぎると川や海に流したことから、七夕は、お盆の前行事として穢れを祓う意味もあったといいます。

ほおずき市

ほおずき

Hozuki

ほおずき市　現在は各地の寺社でほおずき市が催されている。写真は東京都文京区源覚寺で毎年７月中旬に開催される文京朝顔・ほおずき市。写真提供：文京区

精霊《しょうりょう》の依り代

ほおずきは江戸時代、手遊びや薬に愛用されました。「鬼灯」と書き、お盆の精霊（先祖の霊）迎えに「ほおずき提灯《ちょうちん》」が使われました。また精霊の依り代と考えられ、家に植えると病人や死人が出ると忌まれました。

七月九日と十日に、東京浅草の浅草寺《せんそうじ》境内で、「ほおずき市」が立ちます。この日は観音菩薩の縁日で「四万六千日《しまんろくせんにち》」といわれ、この日に参詣すれば、四万六千日詣でたのと同じ功徳があるという慣わしです。

縁日とは、霊験あらたかな仏や菩薩が出現する日にお寺に詣でれば、必ず功徳があるという信仰です。「結縁日《けちえんび》」「有縁の日」の略で、神仏と縁を結ぶことのできる特別の日という意味です。

土用

うなぎ
Unagi

うなぎの蒲焼　「蒲焼」という名前の由来は、昔は、うなぎを裂かずに丸のまま焼いていたが、その形が蒲《がま》の穂に似ていたことから「蒲焼《がまやき》」と呼ばれ、転じて「蒲焼《かばやき》」になったという。

丑《うし》の日は「ウ」のつく食べ物

土用とは、立春・立夏・立秋・立冬の、それぞれの前一八日間のことです。立秋前の土用（七月二〇日頃～八月七日頃）が一般的に知られ、暑さをしのぐさまざまな工夫が伝えられています。

梅雨のあとの晴天を利用し、衣類や本を虫干しする「土用干し」もそのひとつ。また、丑《うし》の日は、「ウ」のつくものを食べると良いといわれ「うなぎ」「うり」「うめぼし」「うどん」などを食べました。

今では土用の丑の日といえば「うなぎ」ですが、その起源は、江戸時代、蘭学者の平賀源内が、うなぎ屋の宣伝のため看板に「今日は丑」と書いて掲げたところ大繁盛した、など諸説があります。

お盆

送り火

Okuribi

京都五山送り火　8月16日の夜、京都で行われる壮大な送り火、通称「大文字焼き」。「大」の字が二つに「妙法」の字、船形、鳥居形を象《かたど》った火が、京都を囲む山々に浮かび上がる。

火の力で送り迎え

お盆は、七月一五日（または八月一五日）を中心とした先祖供養を行う日です。

七月一三日の夕方に、家の門前や墓の前で「迎え火」を焚きます。これは、精霊《しょうりょう》（先祖の霊）が迷わず帰って来られるようにするためです。

一五日（または一六日）には再び、送り火を焚き、先祖の霊を送り出します。火の力で、祖霊や餓鬼だけでなく、病や邪霊も送り返すと考えられました。

盆棚の供物を精霊舟に乗せ、川や海に流す、精霊流しを行うところもあります。精霊がこの舟に乗って来て、乗って帰るといわれています。

これが変化したのが灯籠流しで、納涼や慰霊行事でも行なわれます。

菊 Kiku

重陽

菊酒　菊は中国では古来から生薬として用いられ、消炎・解毒・解熱作用があることが知られている。また菊酒も頭痛や眼病に効くといわれている。

不老長寿の花

　中国では九月九日に小高い丘に登り、菊酒を飲んで邪気を祓いました。奇数は陽数といい、その最上の九が重なることから特別の日とされ、「重陽節」といわれました。また菊は霊草で長寿の効があると考えられました。

　その風習が日本に伝わり、平安時代、貴族たちは菊花宴を催し、詩歌を詠み、菊酒を酌み交わしました。「菊綿」といって、夜、菊の花に綿をかぶせ、翌朝菊の露と香りを含んだ綿で体をふくと「老いを捨てる」ことができるという風流なまじないもありました。

　いつしか「菊の節句」といわれ、京都嵐山の法輪寺では菊祭りが催されます。本堂には菊の露を飲み、不老不死になったとされる菊慈童が祀られています。

お月見のお供え　月見は「芋名月」とも呼ばれ、収穫された里芋を供える習慣があることから、古い時代の収穫祭の名残りが伺える。

月見

月見団子 ススキ

Tsukimidango, Susuki

名月を愛で、収穫を祝う

十五夜　旧暦は、月の動きと実際の日にちとに誤差が生じるため、旧暦8月15日（十五夜）も、年によっては満月ではない場合がある。

旧暦八月一五日の晩の月は「中秋の名月」といい、月見の行事が行われます。旧暦では七・八・九月が秋で、それぞれ初秋・中秋・晩秋と呼ばれていました。

中秋の名月を鑑賞する風習は、中国から日本に伝わり、平安時代の貴族の間で月見の宴が開かれました。中国では果物や月餅《げっぺい》などを供えましたが、日本では団子をお供えするようになったといいます。「月見団子は盗まれる方が良い」などの言い伝えがあり、子供たちがお供えをとる「お月見どろぼう」は公認されていました。

ススキは神の依《よ》り代《しろ》とされ、魔除けにも使われました。穂の出たススキは、稲穂に見立てて飾られたともいいます。

千歳飴
Chitose-ame

節目の歳を祝い、健康を願う

千歳飴　袋には、鶴と亀、松竹梅、「高砂」（夫婦愛と長寿を寿ぐおめでたい能）に登場する尉《じょう》と姥《うば》など、縁起の良い絵が描かれている。

七五三のお祝いに付き物の千歳飴は、元禄・宝永（一六八八〜一七一一年）頃、江戸浅草の七兵衛が売り歩いたのが始まりとされるなど諸説あります。

七五三は、宮廷や武家で行われていた「袴着」（五歳の男児が袴を着け始める）や「帯解き」（七歳の女児が始めて帯をつける）などの、子どもの成長を祝う行事が始まりとされています。

また、七歳前後に地元の神社の氏子に入るため、神社に詣でる「七つ子祝い」の慣習とも関係があります。

昔は乳幼児の死亡率が高く、「七つ前は神の子」といわれました。「千歳飴」の名には子どもの健康と長寿を願う思いが込められています。

おかめ・ひょっとこ

里神楽の道化役

酉《とり》の市の熊手に飾りつけられる「おかめ」の面は、下ぶくれで鼻が低く、目が細い、愛想のよい顔立ちです。「おたふく（お多福）」とも呼ばれ、福を招く面相とされています。おかめは里神楽（民間の神楽）で、「ひょっとこ」と対で登場します。両者は特徴的な面をつけ、滑稽な舞いや所作で笑いを誘う人気者です。

「ひょっとこ」の面は、口をすぼめた顔をしており、それが火を吹く姿を連想させ、「火男」が転化したのではといわれます。竈神として祀る地方もあります。

なでおかめ　東京浅草の鷲《おおとり》神社には、大きなおかめの面があり、「おでこをなでれば賢くなる」というように、顔の部所によって異なるご利益が得られるとされる。鷲神社（東京都台東区）

おかめとひょっとこの面　おかめは狂言の「乙御前」の面、ひょっとこは、やはり狂言の「空吹《うそぶき》」の面がもとではないかといわれている。人形浄瑠璃の「お福」も同様の顔つきである。

熊手 Kumade

酉の市

福をかき込む、運を招き寄せる商売繁盛の縁起物

縁起熊手　神社から授与される「かっこめ熊手」とは別に、酉の市で売られる熊手。米俵や金銀財宝などのお宝が満載。

十一月の酉《とり》の日、関東を中心とした鷲《おおとり》（大鳥・鳳）神社の祭礼に酉の市が立ちます。「おとりさま」と呼ばれるこの日は、縁起物の熊手を求めて多くの人で賑わい、初冬の風物詩となっています。

酉の市の始まりは、江戸時代、花又村（現・東京都足立区花畑）の鷲大明神の祭礼で、農民たちが秋の収穫を祝って神社に鶏を奉納した「とりまつり」だといいます。この市で、農具の熊手を売ったところ、「運をかき込む」縁起物だといって流行しました。

江戸後期になると、浅草の鷲神社の酉の市が栄えます。ここは吉原に近く、商売繁盛を願って熊手を買う人々がつめかけました。鷲神社では、ヤマトタケルノミコトが鷲神社に戦勝祈願をし、成就した際、お礼に武具の熊手を奉納したのが酉の祭（酉の市）の始まりと伝えています。

月の最初の酉の日を「一の酉」次を「二の酉」といい、三の酉まである年は火事が多いという言い伝えがあります。

酉の市　縁起熊手を売る店が立ち並ぶ。小さいものからだんだん大きいものに買い換えていくのが良いとされる。

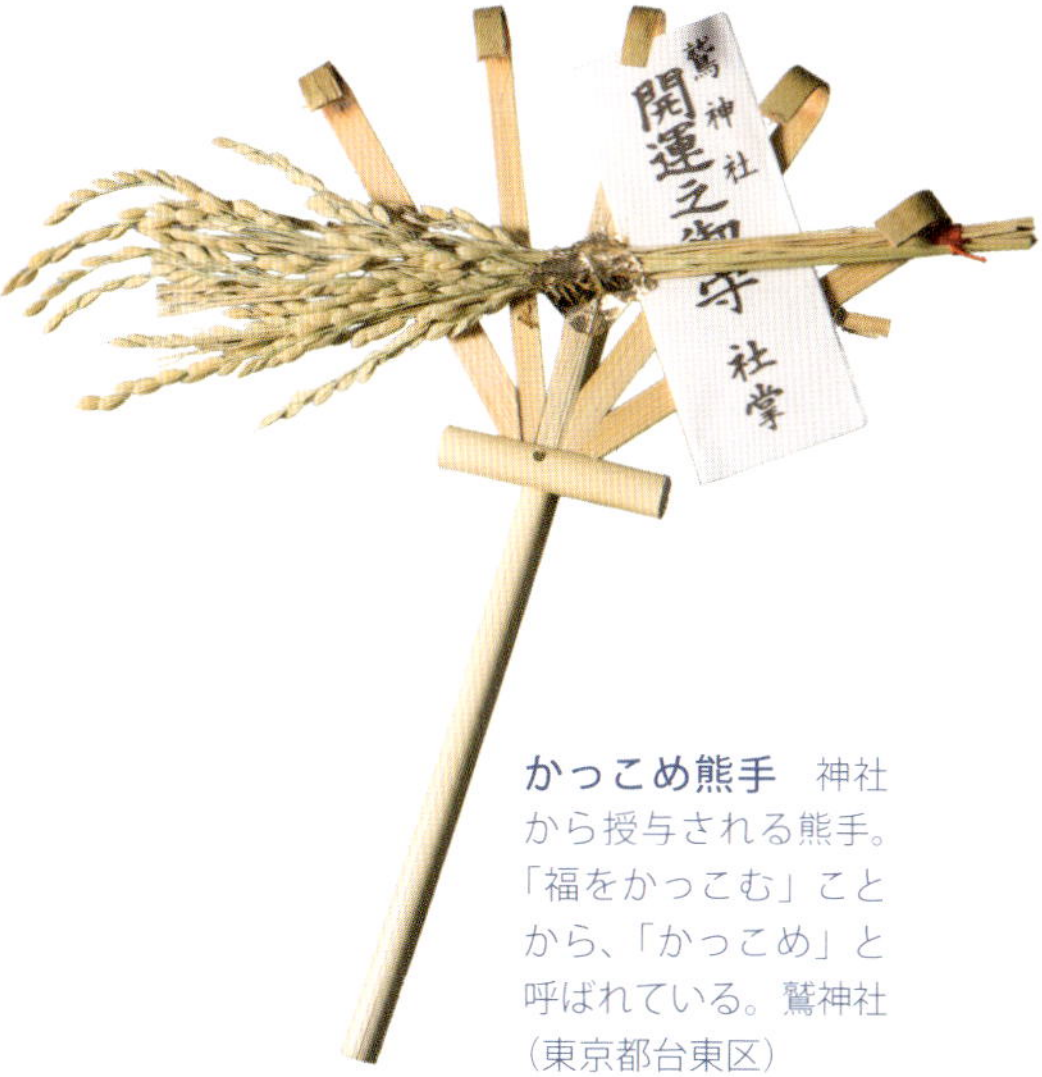

かっこめ熊手　神社から授与される熊手。「福をかっこむ」ことから、「かっこめ」と呼ばれている。鷲神社（東京都台東区）

みの熊手　右が「みの熊手」。縁起熊手のひとつ。竹にざるがつけられ、おかめの面が入っている。

冬至

南瓜 柚子

Kabocha, Yuzu

柚子湯　柚子湯は、ひびやあかぎれにも効果があるという。江戸時代末期、銭湯で柚子湯が流行し始めたという記録がある。

南瓜の煮物　冬至の南瓜は「冬至唐茄子《とうなす》」とも呼ばれる。昔は夏に採れた南瓜をこの日までとっておいた。写真提供：味の素（株）

再生を促《うなが》す湯と食べ物

冬至は昼間の長さが最も短く、夜の長さが最も長い日のこと。太陽の力が弱まるこの頃、生命力の再生を願って古くから、さまざまな祭りが行われました。

この日柚子《ゆず》湯に入ったり、南瓜《かぼちゃ》を食べると風邪をひかないといわれています。南瓜は「なんきん」ともいいますが、冬至に「ん」のつくものを食べると運がつくという言い伝えがあり、きんかん、ぎんなん、にんじん、れんこんなどが食べられていました。その他、こんにゃくや小豆もよく食べられました。

柚子は、強い香りが邪気を祓うとされました。また、湯に入ることは心身を清め、生命の更新をはかると考えられました。

年越しそば

Toshikoshisoba

大晦日

年越しそば　そばは細く長いことから、家運や寿命が長く延びるようにとの縁起担ぎもある。写真提供：味の素(株)

そばは金を集める

一日の境は夕暮れと考えられていたため、年越しの行事は大晦日の夕方から始まりました。

年越しは、歳神《としがみ》様を迎えるため心身を清め、一晩中眠らず過ごすのが古いかたちでした。また大晦日の夕食を「トシトリ」といい、皆でそろって食べました。年越しそばもそのひとつです。

年越しそばが食べられるようになったのは、江戸も中頃でした。由来は、金銀細工の職人が、散らばった金粉を、そば粉の団子を押し付けて集めたことから「そばは金を集める」といわれ縁起物になったという説があります。

そば屋の店先に狸の置物を据えるのは、金箔を狸の皮の上で叩いたからという言い伝えもあります。

第2章
お守りと縁起物
Protective Amulets and *Engimono*

蘇民将来符
Sominshoraifu

お守り

信濃国分寺（八日堂）の蘇民将来符　ドロヤナギの材を彫ったもので、1月7日、8日の縁日で授与される。上と下に魔除けの文様が入っている。信濃国分寺（長野県上田市）

蘇民将来の子孫は疫病から逃れられる

その昔、武塔神《むとうしん》という神が旅の途中で、一夜の宿を求めたところ、裕福な弟は断りましたが、貧しい兄、蘇民将来は宿を貸しました。その御礼に、武塔神は「蘇民将来の子孫といって、茅の輪を腰に下げれば疫病を逃れる」と教えました。国中に疫病が流行った時に、将来一家だけが無事だったことから生まれたのが、このお守りです。武塔神とは牛頭天王《ごずてんのう》のことで、わが国ではスサノオノミコトにあてられます。

この伝説に基づいた「蘇民将来子孫也」と書かれたお守りは、牛頭天王を祀る各地の社寺にあり、形は六角柱や八角柱、板状、茅の輪につけられた紙状のものなどさまざまです。

家の戸口や神棚に祀って、疫病除けにします。

伊勢の注連飾り　伊勢・志摩地方では「蘇民将来子孫家門」と書かれた木札を注連縄につけて、家の安泰と繁栄を願う。正月だけではなく、1年を通じて飾って厄除けとする。

お守り

お守り犬

Omamori-inu

安産でありますように、無事に育ちますように

お守り犬は、安産のお守りや宮参りのお祝いに贈ったりします。お産が軽く、しかも多産である犬にあやかろうというものです。懐妊すると戌《いぬ》の日に腹帯を巻く風習も、その名残りです。

張子の犬は、子どもの枕元に置いて魔除けとし、その健やかな成長を願います。

犬張子で有名なのは、笊《ざる》かぶり犬。なぜわざわざ笊をかぶっているのかというと、竹の下に犬で「笑」という漢字になるという洒落からきています。笑いを絶やさずにという意味でしょう。また、笊は風通しがよいので悪気が滞らないとか、悪い虫を笊ですくいとるとか、とにかく元気で育ってほしいという願いが込められています。

法華寺のお守り犬　安産のお守り。光明皇后が、加持祈祷した灰でつくった犬の人形を授けたのが始まりとされる。今でも護摩木の灰をまぜた土で、尼僧が手作りしている。法華寺（奈良県奈良市）

笊かぶり犬　この犬の鼻にこよりを通して天井から吊るしておくと、子どもの鼻づまりが治るという言い伝えもある。鳥越神社（東京都台東区）

お守り

だるま
Daruma

さまざまなお願いを一身に受けて

川越大師喜多院のだるま市　1月3日は厄除元三大師の命日で、この日の縁日は初大師と呼ばれる。境内ではだるま市が立つ。ここで買い求めただるまに願いを託して、1年間、神棚や机上で祀る。（埼玉県川越市）

川越だるま　眉に「寿」の文字が入っている。行商で売られていた高崎だるまをもとに、明治時代から所沢でつくられるようになったものが川越に伝わり、喜多院のだるま市で売られるようになった。

開眼　片方の目を書き入れて願かけをして、願いがかなったらもう片方にも目を入れる。左目から入れるのが定説だが、真摯にお願いすれば、どちらでも聞き届けてもらえるだろう。

だるまの丸い形は、中国・洛陽にある少林寺の洞窟の岩壁に向かって、九年間坐禅を組んで修行した達磨大師の修行する姿を表したものだといわれます。

だるまの生産地はかつて養蚕がさかんだった地域と重なることが多いのですが、それは倒しても倒しても起き上がるだるまと、蚕が繭をつくる準備に入った頃を「起き上がる」と呼ぶことにひっかけて、だるまがお蚕さんのマスコットだったことに由来します。その頃は蚕がよく育って生糸がたくさん取れますようにと願ったのですが、今では、商売繁盛、厄除祈願、子孫繁栄など、さまざまなお願いをだるまに託します。当選祈願の選挙だるまというものもありますね。いずれにしても、左目に目を入れて願かけをして、願いが成就したら右目にも目を入れてお炊き上げ供養してもらうというのが定説です。

お炊き上げに出されただるま　願いがかなったら反対側にも目を入れて、お炊き上げに出す。満願成就とならなくても、片目のままお炊き上げに出して、毎年だるまを買い替える。

お守り

招き猫

Manekineko

縁起物のスーパースター

「縁結び招き猫」 オス（左）とメス（右）2匹並んで手招きする。今戸焼き。今戸神社（東京都台東区）

数ある縁起物のなかでも、スーパースター的存在が招き猫でしょう。単に「招き」と呼ばれることも。右手をあげた猫は福、金運を、左手をあげた猫は客を招くといわれますが、最近は、両手をあげる猫や、右手をあげる猫と左手をあげる猫がペアになったものまで、招きにかける国民の情熱はとどまるところを知らず、形も素材も色もさまざまに進化しています。

招き猫は江戸時代に出現したようですが、その起源を伝える伝説がいくつか残されています。一番よく知られているのが、彦根藩主井伊直孝を招いたとされる、豪徳寺の招き猫です。鷹狩りの帰りに寺の前を通り過ぎようとした直孝一行は、白い猫が招くので寺に寄ったところ、寺の門前に落雷。命拾いした直孝がこの寺を井伊家の菩提所と定め、田畑を寄進したため、以来、寺は栄えたというものです。

常滑焼の招き猫 愛知県の常滑市は日本一の招き猫生産地といわれる。市内には「招き猫通り」もあるほど。

返納された「招福猫児《まねきねこ》」 豪徳寺の招福猫児は、商売繁盛、招福のご利益ありとして圧倒的人気を誇る。豪徳寺（東京都世田谷区）

一方、商都大阪らしいのが、住吉大社の末社楠珺社《なんくんしゃ》の「初辰《はったつ》さん」。毎月、最初の初辰の日にお参りすると、羽織姿の招き猫が授与されます。右手をあげた猫はお金を、左手をあげた猫は人を招くとされます。

奇数月には左手をあげた猫が、偶数月には右手をあげた猫が授与されます。毎月欠かすことなく通い続けると、四年間で四八体集まります。「四十八辰」つまり「始終発達」というわけです。これで満願成就となって神社にお返しし、一回り大きな招福猫と交換してもらえるとのこと。

初辰さん　小さい猫を48体集めると、中くらいの猫に替えてもらえる。さらにもう一回48体集めると、大きな猫に替えてもらえる。楠珺社（大阪市住吉区）

お守り

福助人形

Fukusukeningyo

座布団付き福助

礼をつくせば、福が叶う、願いが叶う

江戸時代後期に、正座をしたちょんまげ頭の「叶福助」と名付けられた人形が、江戸で大流行したことがあるそうです。ちょうどその頃に亡くなった、頭が大きく、長寿だった佐太郎という人がモデルといわれます。

そのかつての福助人形に、仁、義、礼、智、信のイメージを加えて、平身低頭、手をついて礼を尽くす、今に続くポーズの新福助人形を考案したのが、足袋の老舗メーカー、福助株式会社です。

その後、おじぎ福助や座布団付き、貯金箱になっているものなどさまざまなヴァージョンが生まれました。福助人形は愛すべきマスコットとして、机や棚の上で、人々の心をほんわかとなごませています。

2016年の申《さる》年福助

福助株式会社では顧客へのお年玉として「十二支福助」をつくっている。

お守り

ビリケンさん

Birikensan

通天閣のビリケンさん 2012年、通天閣100周年記念にあわせて新調された。楠の一木彫り。像内に金のビリケンさん（ビリ金さん）が胎納されている。

とんがり頭の幸福の神様

ビリケンさんの元祖は、今から百年ほど前に、アメリカのフローレンス・プリッツという女性が、夢に出てきた不思議な人物をモデルにつくったものです。これが幸福の神様として流行し、日本にも伝わりました。大阪の繊維会社の商標となりましたが、その珍妙な姿がうけて、近畿地方を中心に商売繁盛、家内円満の縁起物として人気を呼びました。

足を前に突き出して座っているので、足の裏をこちょこちょと掻いてあげると、ご利益があるとされます。大阪通天閣の展望台にあるのが有名ですが、今の像は三代目。二代目は三十年以上、人々に足の裏を掻かれ続けたため、四cmほどもすり減っていたといいます。

昨今の串カツブームをうけて、通天閣のお膝元、新世界にも串カツ店が増えました。その店頭ではさまざまなビリケンさんが客寄せをしています。とあるイベント会場には人と会話できるビリケンロイドも登場したとか。旧型モデルは神戸の松尾稲荷神社、千葉県流山市利根運河の土手などで親しまれています。

大阪・新世界

新世界のビリケンさん
大阪を代表するマスコット。
写真提供：GOLDNEWS
撮影（P62,63 とも）：児島一伸

お守り

シーサー Shisa

屋根の上で家を守る獅子

屋根の上のシーサー　赤瓦と白漆喰の屋根の上で、１頭で気概をもって家を守っている。

「あ・うん」型シーサー　口を開けているのが阿形《あぎょう》、閉じているのが吽形《うんぎょう》で一対。

シーサーとは、獅子のこと。沖縄の民家などの屋根の上にいて、邪悪なものや火事から家を守っています。十四、十五世紀に中国から伝わって、村の入口や城門、王家や貴人の墓に置かれて魔除けの役目を果たしてきた獅子像が起源とされます。

屋根の上にいるのは焼物のシーサーが多いようですが、本来は屋根を葺いた職人が瓦の残りや漆喰で工夫して、仕事じまいに残したもののようです。

近頃では、焼物をはじめ張子、ガラス製品のものもあります。門柱の上で家を守っていたり、机の上でマスコットとなっていたり。屋根の上では一体、屋根から降りると「あ・うん」一対のものが多いようです。

お守り

鴻巣の赤物

Konosu-no-Akamono

鴻巣の赤物３点　左から熊金（熊乗り金時）、鯉金（鯉乗り金時）、鯛車。金時とは金太郎のこと。鴻巣は桐の産地で、家具などをつくった後に出るおがくずと糊をまぜたもので型をつくり、赤く彩色している。

赤は疱瘡《ほうそう》除けのおまじない

埼玉県鴻巣市で、家内安全、子どもの無病息災、魔除けのお守りとして、江戸中期からつくられている練り物の人形です。

赤物といわれるくらいですから、赤く塗られていますが、「赤」は、昔は疱瘡除けのおまじないの色でした。疱瘡とは今は絶滅宣言が出された天然痘のことです。治療法が見つかっていない頃は疱瘡神の仕業と考えられ、疱瘡にかかると、疱瘡棚をつくって疱瘡神を祀る風習がありました。

疱瘡神は赤い色を嫌うとされたため、子どもがかかると、布団や衣類まで赤くして、さらに赤いものを身近に置いて、疱瘡神を追い払おうとしました。その名残りが、この赤物です。

お守り

きじ馬

Kiji-uma

北山田のきじ車　白木地を使って彩色しないのが特徴。バーナード・リーチがその造形美を絶賛したという。（写真提供：Oita Made　撮影：久保貴史）

人吉のきじ馬　平家の落人がつくり始めたとされる。背中の「大」の字は京都の大文字焼きを偲んだとも、大塚の家に養子に入った若者がつくり始めたため、感謝の意を込めたとも。

子どもの成長を願う素朴な玩具

きじ馬（きじ車）とは、野鳥の雉《きじ》を模して木でつくられた、九州地方特有の玩具です。木の胴体に車がついており、子どもが紐をつけて引っ張ったり、大きい物には乗ったりして遊びます。釘は使われておらず、素朴な造りが特徴です。

もとは子どもの健やかな成長を願う縁起物としてつくられました。玩具としてはもちろんのこと、門前町で売られたため、開運、縁結び、家内円満のお守りとしても親しまれてきました。

福岡、熊本、大分県などが主産地です。清水寺（福岡県みやま市）の参拝記念、熊本県人吉市や八代市の温泉土産、無彩色の北山田（大分県）のものが知られています。

お守り

打出の小槌

Uchide-no-Kozuchi

一振りすれば思いのまま

法然寺の大黒様　大黒様が右手に持っているのが打出の小槌。福運や富をもたらす象徴。法然寺では金箔を貼つけて願いを託す。法然寺（香川県高松市）。（写真提供：GOLDNEWS　撮影：児島一伸）

打出の小槌とは、一振りすると、何でも願いが叶う小さな槌のことです。「一寸法師」のお話では、鬼が落としていった小槌を、姫が一寸法師に向かって「大きくな〜れ」と振ると、身の丈があれよあれよという間に大きくなって、立派な武士になりました。

打出の小槌は、昔話によく登場しますが、鬼の忘れものだったり、ネズミが引いてきたとか、龍宮から持ち帰ったとか、いずれも異界からの届きもので、不思議な力を備えています。邪な心からの願いだと、叶えられた願いはたいがい、崩れ去ってしまうようです。

富の神、大黒様の持ち物としても知られ、財福招来の縁起物です。

神様との交信

玉 Tama / Gyoku

碧玉の勾玉　濃い深緑色の出雲特産の石でつくられた勾玉。呪術的な力をもつものとして、古代の祭祀に使われたようだ。

玉（たま）は霊魂（たま）に通じる

私たちが普段アクセサリーとして使っている玉類は、実は大昔から、神様との交信手段として、聖なる力をもった祭祀用の道具として、大切なものでした。

玉は大昔から専門集団によってつくられていたようで、勾玉、管玉、丸玉、なつめ玉、切子玉など形はさまざま。材質も真珠、翡翠、瑪瑙、琥珀、水晶、碧玉、滑石《かっせき》、ガラスなど多種に及びます。たいがい穴あきで、糸を通して使われました。美しいからというだけではなく、それを身につけることで、邪気を祓う力を得るなど、特別な力をもつと考えられたようです。

形が胎児に似ている勾玉は、霊魂《たま》つまり生命そのものの象徴と信じられていました。三種の神器のひとつです。

開運ブレスレット　幸運を呼ぶとされるパワーストーンなどが使われている。

勾玉のペンダント類　勾玉を身につけていると魂がパワーアップすると信じられてきた。

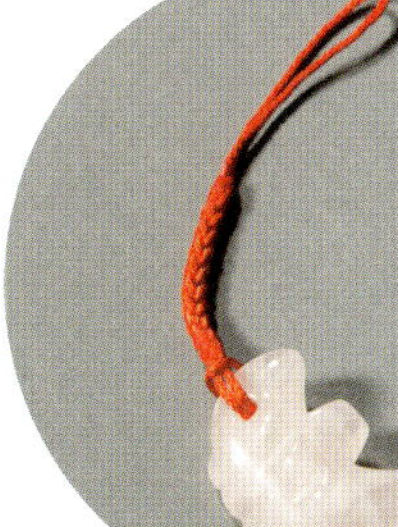

子持勾玉のお守り　突起をもった子持勾玉は、玉が玉を生む不思議な霊力をもつものとして、古代の祭祀に使われた。大神神社（奈良県桜井市）

Tenugu

手ぬぐい

神様との交信

畏れ多いものから顔を隠す

手ぬぐいは、今でこそ、手ふき、布巾、壁掛けなどさまざまに利用されていますが、平安時代には布そのものが貴重だったので、神事の際に神に仕える人が身にまとう神聖なものでした。

「手ぬぐい」という名称は、国産木綿が普及した江戸時代後半から広がりました。手ぬぐいとはいうものの、日常生活では日除け、埃除けなど頭の被り物として利用されることが多く、ほっ被り、姉さん被り、盗人被り、ねじり鉢巻などの被り方がありました。もちろん入浴の時にも使われました。江戸時代には縁起物の贈答品として配られたりもしました。

神事に使われてきた伝統を引くものとして、畏れ多いものから顔を隠すという用途もあり、手ぬぐい被りで踊るお祭りもたくさん残っています。

亀甲

六角形をつないだ文様で、亀の甲羅に似ているのでこの名がある。「亀は万年」といわれるように長寿の吉祥文様。

七宝

仏典にある七つの宝物（金、銀、瑠璃、瑪瑙、玻璃、シャコガイ、珊瑚）に由来するといわれる。四方八方に広がっていく連鎖文様で、円満、調和などの吉祥文。

青海波《せいがいは》

「青海波」とは舞楽の演目で、この文様は舞人の衣装にデザインされていた柄。三重の半円が絶えることなく続き、無限に広がる吉を表す。

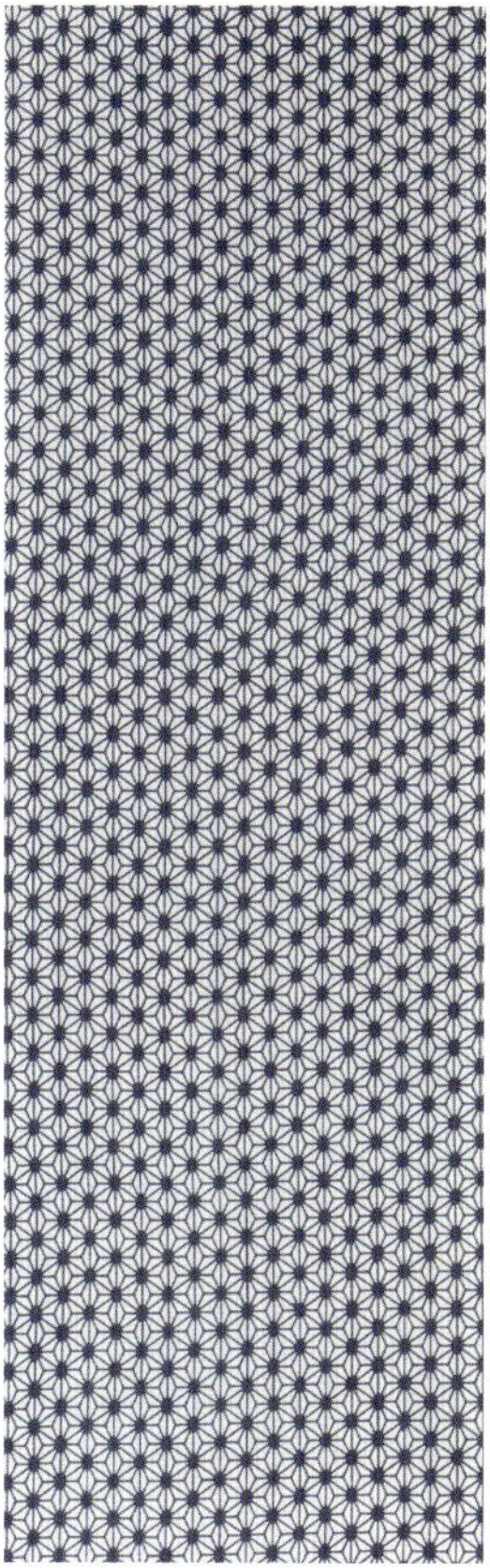

麻の葉

麻は成長が早く、まっすぐに伸びることから、麻の葉文様はすくすく育つようにとの願いを込めて、赤ちゃんの産着などに使われた。

鈴

神社に参拝した時に振る鈴は神に呼びかける道具のひとつ。涼やかな音色が邪気を払うとされる。神楽舞では巫女が振りながら舞う。

ふぐ

「ふぐ」「ふく」の呼称は、腹がふくらんでいることに由来する。「福」に通じる縁起物として、お祝いや宴会の席でよく食される。

松竹梅

松は神が依る樹とされ、常緑樹なので長寿を表す。竹は生命力が強く、子どもの健やかな成長を願う神事に使われる。菅原道真が好んだ梅は、学問の神様天神様のシンボル。

初夢

初夢に見ると縁起が良いとされる「一富士、二鷹、三茄子」。もとは駒込富士神社、鷹匠屋敷、駒込茄子と、江戸時代の駒込にあったローカルな縁起物だったらしい。

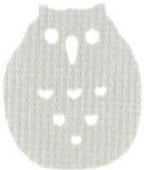

ふくろう

日本では「不苦労」「福老」に通じるとして、縁起物とされる。ギリシアではアテナ女神の象徴で知恵の神様。

狸

狸は「他をぬく」に通じることから、商売繁盛、立身出世、勝負事の縁起物となっている。店の軒先や庭先に信楽焼きの狸の置物を目にすることも多い。

神様との交信

絵馬

Ema

まことに便利な神頼みの道具

手向山八幡宮の立絵馬　絵馬の古い形を残している。中央の唐鞍《からくら》は、神様が座られるところと見なされていた。手向山八幡宮（奈良県奈良市）

絵馬は神様に願かけをする道具そのもの、神様への絵手紙のようなものです。お願いをする時に、そしてお願いが叶った時に、御礼として奉納します。

かつては、神社には白馬がいたものですが、馬は神様の乗り物とされたため、生きた馬が奉納されていたからです。それが木製や土製の馬になり、そのうち板に描いた馬を捧げるようになりました。それがさらに簡略化されて、今の絵馬になったのです。

受験合格や縁結び、病気平癒、子宝祈願など、真摯な気持ちでお願い事を書いて奉納しておけば、神様は願いを聴いてくださるかもしれない。まことに便利な神頼みの道具です。

妙安寺の絵馬　馬頭観音の関東随一の霊場で、競馬関係者、畜産業者など馬を扱う人々の信仰を集める。2月に馬の健康安全を祈願する絵馬市が立つ。妙安寺上岡観音（埼玉県東松山市）

「めめ絵馬」　新井薬師は眼病の治癒に効験ありとする目の薬師として知られる。「めめ」は両目を表す。PCワークで目を酷使する人にはお守りとして。新井薬師（東京都中野区）

おしゃもじ様　亀戸の石井神社に奉納されている160cmもある巨大しゃもじ。咳の神様とされる。石井神社（東京都江東区）

神様との交信

しゃもじ
Shamoji

普段使いで神の力を頼む

しゃもじは杓子《しゃくし》ともいいます。ご飯をよそうヘラも、お汁をよそうオタマジャクシも、水を汲む時のヒシャクも、ともに植物の瓢《ひさご》（瓢簞《ひょうたん》）から出た言葉です。

　しゃもじの中央の窪んだ所に神が宿るとされ、ご祈祷を受けたしゃもじで、喉をなぜたりご飯をよそって食べると、咳がやむ、風邪をひかない、門口にかけておくと子どもの夜泣きがおさまるなど、窪みに宿った神様の力を頼む風習もあります。

　今日、ご飯用のしゃもじは、「宮島さん」とよばれることもありますが、もともとは、江戸時代に、弁天様が持つ琵琶の形をヒントに宮島の僧が考案したものだからです。

宮島の願かけ用しゃもじ　「幸せをめしとる」との意から、この他にも、合格、○○優勝、健康など世事百般のお願いを託す。（広島県廿日市市）

Uchiwa うちわ

神様との交信

祓いうちわ　夏越《なご》しの祓え（地元では「おんぱらさん」と言う）の時に授与される。綱腰神社（奈良県桜井市）

降魔扇《ごうません》　護法魔王尊の持ち物である羽うちわの縮小版。鞍馬寺（京都市左京区）

神の力を奮い立たせる

うちわは奈良時代に中国から伝来し、当初は丸いものと四角いものがありましたが、丸いものが一般化しました。うちわには、あおいで風をおこし、神の気配を強める働きがあります。戦国時代に戦陣で武将や軍師が用いて、軍神の力を乞うたものに軍配うちわがあり、これが今日では、相撲の行司が持つ軍配として残っています。

唐招提寺のうちわ撒きは、梵網会の法要の時に餅撒きのように鼓楼から撒かれるものです。ハート型のこのうちわには、厄除け、火難・虫除けなどのご利益があるといわれます。

神輿担ぎや盆踊りにもうちわはつきものですが、これも神の力を奮い立たせて、災厄を祓う意味合いがあります。

唐招提寺のうちわ撒き　5月19日、覚盛上人の命日に、蚊を殺すこともしなかった上人の遺徳を偲んで行われる。（奈良県奈良市）
写真提供：奈良市観光協会

箸 Hashi

神からの贈り物を口に運ぶ

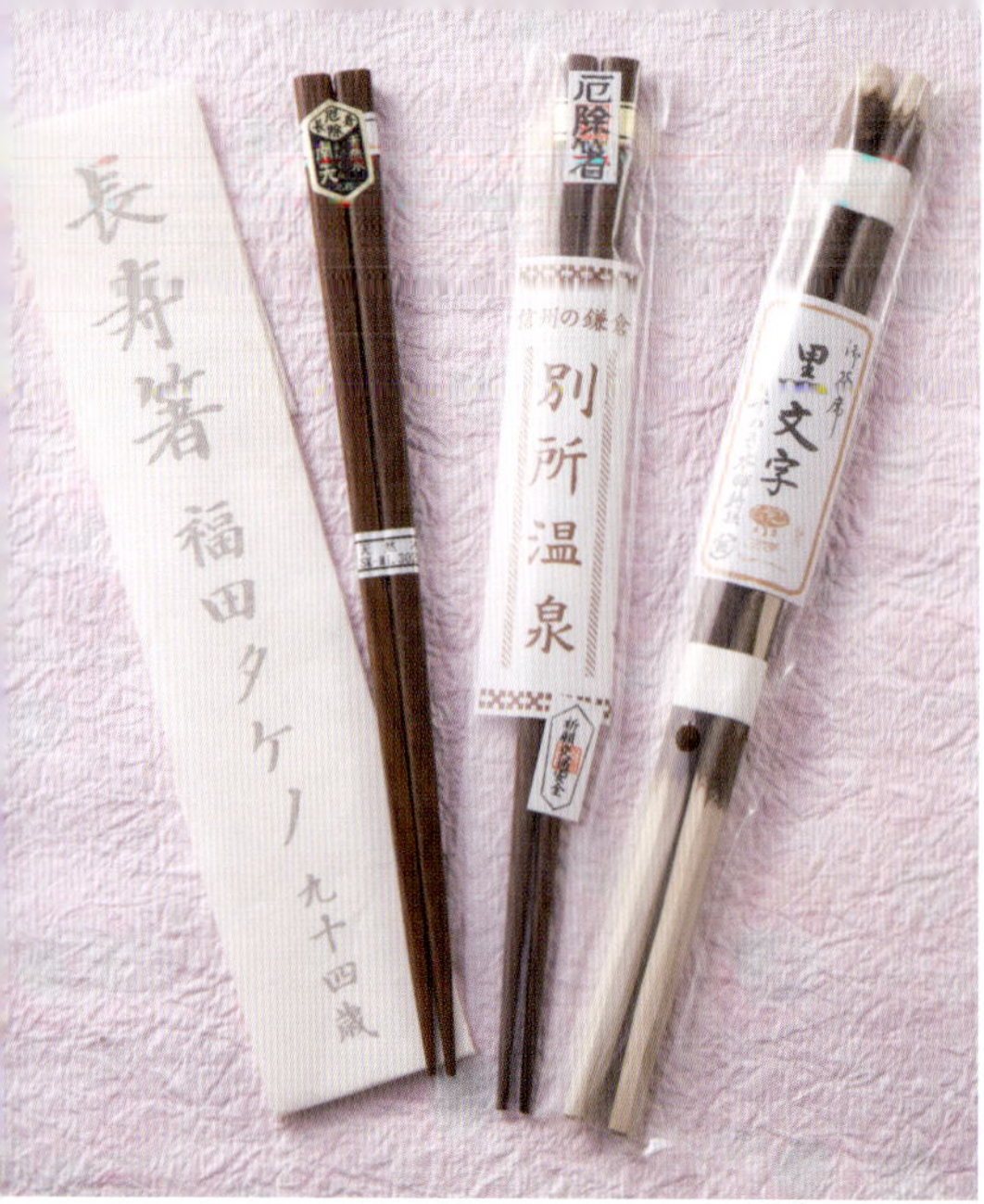

箸３種　南天製の長寿箸と箸袋（左）、厄除箸（中央）、右の黒文字の箸は茶事で菓子を取り回す時に使う。

箸は私たちにとって、食べ物を食べる時に欠かせない道具です。命の糧となる食べ物は神からの贈り物なので、箸は神様と人とを結ぶ大切な道具であり、箸そのものにも霊威が宿ると考えられてきました。

お正月の祝い箸も、そのひとつの例です。白木の真新しい箸に歳神様を招いて、神様といっしょに食事をいただくという考えの表れとされています。神社などから授与される箸も、長寿、開運、厄除けなどご加護は広範囲にわたっています。

今私たちが何気なく使っている割り箸も、もとは神事や茶事でその都度新しい箸を使ったことからきています。

箸の材料には金属や象牙、プラスチックなどのものもありますが、圧倒的に多いのが木です。しかも、縁起に結びついた木が素材となっていることが多く、日常茶飯事のことだからこそ、縁起を担ぎたい気持ちになるのでしょう。

箸の材料となる木

柳

木肌が白くて軽い。木質がしなやかなことから、「家内喜《やなぎ》」として正月の祝い箸に使われる。挿し木でもよく育ち、生命力が強いので長寿繁栄の木でもある。

槐《えんじゅ》

木質がしっかりしており、特定の匂いもないので箸に適している。「延寿」に通じるとの意もある。

南天

木質が硬くて丈夫、防虫・防腐効果もある。「難を転じる」との縁起を担いで、厄除けの長寿箸として、米寿などの祝い事に配られる。

柘植《つげ》

「家を継ぐ」「名を継ぐ」との語呂合わせから縁起の良い木とされる。木目が極めて細かく緻密。櫛や印鑑などの細工物の材料としてよく使われる。

杉

まっすぐに上に伸びる常緑樹で長寿の象徴。生育条件によっては縄文杉のように推定樹齢 3000 年以上の大木にもなる。割り箸は、南北朝時代に吉野の杉材でつくって後醍醐天皇に献上した箸が起源と伝承され、日本の割り箸は杉材が圧倒的に多い。

栗

木質が硬くて丈夫なので、子どものお喰い初めの時の箸などに使われる。何事も「やりくり」がうまくとか、「金繰り」が順調などの語呂合わせから、正月の祝い箸にも。

お正月の祝い箸　袋には使う人の名前を書いて、気持ちも新たにお節料理をいただく。神様との共食という古風によって、両端が細く丸くなっている。

第3章
お祝いと縁起物
Celebrations and *Engimono*

めでたい食べ物

赤飯

Sekihan

赤飯　鎌倉時代の節日《せちにち》に、宮中で赤飯が食べられていた記録がある。現代でも葬式に赤飯をつくるところがあり、祝いだけでなく、日常と違う「ハレ」の日の食べ物の代表である。
写真提供：味の素（株）

「ハレ」の日のご飯はこれ

餅米《もちごめ》に小豆やささげを混ぜて蒸した強飯《こわめし》（おこわ）。米を水に浸して炊くご飯に対して「蒸す」おこわは、神祭りの日につくられました。

そもそも赤飯が食べられるようになったのは、一説には、かつて日本では赤米が食べられ、儀礼用にも使われていましたが、やがて白米にとってかわったため、儀礼食に白米を赤く染めた赤飯が食べられるようになったといいます。

小豆は煮ると赤い色が出、食物を染めることから、赤飯のほかにも粥や餅に混ぜたり、正月の雑煮に使う地方もあります。また、魔除けの力もあり、沖縄では迷子を探す時、「赤豆をくらえ」と言って魔物を退散させました。

めでたい
食べ物

伊勢海老

Ise-ebi

祝宴を彩る長寿のシンボル

伊勢海老の組紐細工　正月飾りや鏡餅に添える伊勢海老の代理品だったのが、組紐細工として発展した。本物と見紛うばかり。紅白で飾る場合もある。

水引の海老　正月や結婚式、祝いの席での飾り物に使われる。

海老が祝宴で供されるのは、その姿が「長い髭があり、体が曲がっている」老人を思わせ、長寿の象徴と考えられてきたからです。「海老」の字をあてたのも、こうした由来によるものです。

また、海老は脱皮をすることから、再生を意味し、赤色であることも縁起物にふさわしいとされました。

ことに伊勢海老は、古くから伊勢神宮の神嘗祭《かんなめさい》で、その姿蒸しが神饌《しんせん》としてお供えされてきました。

また、大きな固い殻や触覚が鎧を連想させ、「伊勢」が「威勢」に通じ「威勢がいい」と、武家の縁起物になりました。

今日でも注連《しめ》飾りや鏡餅の飾り物、祝い膳に用いられています。

めでたい食べ物

鯛 Tai

にらみ鯛　正月三が日に、お節料理とともにお膳に上がる尾頭付きの鯛の焼き物。三が日は箸をつけず、それ以降に温めたり、鯛味噌や鯛飯などに再調理して食べる。

祝いの膳には欠かせない

鯛はその姿や薄紅色の美しさから、魚の王様として、祝いの膳には欠かせない食材です。「めでたい」の語呂合わせや「大位《たい》」のあて字、「腐っても鯛」などのことわざも、鯛の位の高さを表しています。

鯛は縄文時代の昔から食べられており、遺跡から鯛の骨が多数出土しています。古代には貢物として、西日本各地から京へ干鯛が運ばれました。

江戸時代になると、漁業・商業の神として人気のあったえびす神像が鯛と釣竿を持って描かれたこともあり、縁起物の地位を不動のものとしました。

なお、金目鯛や甘鯛は、タイ科ではありません。鯛にあやかりたい、鯛人気の証《あかし》といえるでしょう。

鯛飯　今治には、神功皇后が鹿島明神に、朝鮮出陣の戦勝祈願をした際、漁師から献上された鯛を吉兆と喜び、鯛飯を炊いて備えたという伝説があり、今治や松山の郷土食になっている。
写真提供：味の素（株）

引き鯛　三輪恵比寿神社に奉納された檜の一刀彫の鯛。重さ約 80kg、全長約 2 m。初えびすの時（2月5日〜7日）に鯛引行列があり、子どもらがこの鯛を引いて、三輪の町を練り歩く。三輪恵比寿神社（奈良県桜井市）

おこし

Okashi

縁起菓子

おこし　板状や握り飯のような形の堅いものから、時代とともに柔らかさと和洋融合の味が求められ、チョコ味の一口サイズも登場している。

大坂は立身出世、浅草では雷よけのお菓子

おこしの歴史は古く、遣唐使が伝えた唐菓子のひとつ、粔籹《おこし》（「おこしごめ」とも）といわれます。平安時代にはお供えにもなり、貴族も口にしました。

江戸時代には各地でおこしがつくられ、米を蒸した後に煎り、水飴などで固め、握ったり、竹筒に入れたり、板状に延ばして成形したものがありました。

宝暦二年（一七五二）には、繁栄する大坂の勢いにあやかり、岩のように固い粟おこしが「身を起こし、家を起こし、国を起こす」菓子として大坂名物になりました。

江戸の雷おこしは浅草雷門再建の年（一七九五）にはあり、行商人が「江戸名物雷おこし、雷よけにお買いなさい」とふれ回って売る門前の土産物でした。

（中町泰子）

縁起菓子

福梅

Fuku-ume

福梅　ころんとした紅白の福梅には、甘めの餡が満たされている。最中皮の上にかかる砂糖と相まって、極まる甘さが新年の味わい。

寒さに耐えて花を咲かせる、春を告げる新春の最中

福梅は、石川県全域と富山の一部で愛されるお正月菓子。金沢では辻占《つじうら》と福徳と一緒に楽しまれます。梅の花は高潔で香りよく、実は土に落ちて、やがて芽を出すことから生命力にあふれる縁起のよい木とされます。

お菓子の福梅は、紅白の最中《もなか》皮に雪のように砂糖がけされ、厳冬から新春を迎えて慶びの花を咲かせた梅を思わせます。中には水飴を練り込んだ固めの餡が入り、日持ちがして皮はぱりっとした食感がします。由来には、加賀藩主前田家の家紋「剣梅鉢《けんうめばち》」を象《かたど》ったとも、前田家祖先の菅原道真を祀る北野天満宮の献茶式でふるまわれた餅菓子「寒紅梅」をヒントに考案されたともいわれています。

（中町泰子）

※辻占：吉凶やことわざ、なぞなぞなどが書かれた紙片が餅種やしんこの皮に包まれている正月の菓子。

※福徳：砂金袋や福俵などの形の最中皮の中に金華糖の招き猫や土人形が入った元祖食玩。

縁起菓子

難除け牡丹餅

Nanyokebotamochi

難除け牡丹餅　最初牡丹餅講の牡丹餅。当日の朝に境内で搗いた餅を小さくちぎり、僧侶の読経の中、講の人たちが繰り返し黒胡麻をまぶしてつくる。

苦難を除けるお守りの胡麻餅

神奈川県の江の島に近い龍口寺《りゅうこうじ》では、毎年九月一一～一三日に龍口法難会《たつのくちほうなんえ》が行われます。法要のあとで撒かれる牡丹餅《ぼたもち》は、霊力を発揮して斬首の危機を免れた日蓮上人にちなみ、厄除けをはじめ、手術や受験などあらゆる困難を乗り越える護符《ごふ》になると信じられています。高所から投げられる牡丹餅を手に入れようと、本堂は大勢の参拝者でひしめきます。

胡麻《ごま》牡丹餅の由来は、一説には一人の老女が、連行される日蓮に供養しようと差し出した握り飯が砂浜に転がり、胡麻の牡丹餅のようだったからともいわれます。現在は二つの牡丹餅講の信徒達が、祈りを込めて調製しています。牡丹餅授与のあとの賑やかな万灯行列も見ものです。

（中町泰子）

龍口寺　藤沢市片瀬。本堂には日蓮が座ったとされる敷皮石がある。（神奈川県藤沢市）

龍口寺の万灯練り行列　信徒たちが纏《まとい》を振り、うちわ太鼓や鉦《かね》を叩きながら、花を飾った豪華な万灯を引き練り歩く。

フォーチュンクッキー

フォーチュンクッキーの起源は恋の辻占煎餅

アメリカ・サンフランシスコの中華食料品店　業務用フォーチュンクッキーが山積みである。

アメリカでフォーチュンクッキーは、中華料理店でサービスされる「中華菓子」として定着しています。中の紙には、ポジティブなメッセージや謎めいた予言、中国のことわざなどが、英語または英中で印刷されています。宝くじを買う前に、ラッキーナンバーを求めてクッキーを開く人もいて、大当たりした幸運な例もあります。中華街の食品店や、ベーカリー、町のスーパーマーケットでも並んでいるフォーチュンクッキーは、アメリカの日常に溶け込み、パーティでも人気があります。

でもこのクッキー、江戸時代後期に生まれた辻占煎餅《つじうらせんべい》に起源があるのです。

アメリカで売られているフォーチュンクッキー

辻占売り　提灯を持った女辻占売りから辻占を求め、真剣に占いを読む女性の図。（池田輝方画）

辻占煎餅《つじうらせんべい》は、江戸や大坂など都市部でつくられ始めた瓦煎餅で、恋にまつわる文句も多いことから「恋の辻占」と呼ばれ、辻占売りが夜の花街や繁華街を売り歩いたものでした。中に挟んだ紙片には、大吉小吉などの吉凶や、一言文句、おめでたいことわざ、流行歌《はやりうた》の歌詞などがあり多種多様。人々は偶然に出てくる言葉の面白さや鋭さに魅了され、煎餅をはじめとする辻占豆や昆布、飴など各種の辻占菓子が流行しました。

現在でも新潟や京都、平戸では辻占煎餅が、しんこや飴の辻占は北陸地方でつくられ、正月にはとくに人気の縁起菓子になっています。

それではなぜ、辻占煎餅が海を渡ったのでしょうか。それには、明治期にアメリカ西海岸に移民した日本人が関係しています。

「辻占福寿草」
花に見立てた煎餅に、明治頃の辻占文句と挿絵が入る。
（石川県金沢市　諸江屋）

「金トキ豆」
豆風菓子の袋の中に全42種の辻占が入る。
（福岡県朝倉市　ハトマメ屋）

サンフランシスコにあるゴールデンゲーパーク内の日本庭園で、一九一〇年頃、公園管理を任されていた実業家の萩原誠氏が、園内のお茶屋のサービスとして、アメリカで最初に辻占煎餅を焼いたとされています。

　その後、市内の和菓子屋で、辻占煎餅は日本に先駆けて大量機械生産されることになりましたが、第二次世界大戦の混乱により、日本人は土地を追われます。代わって中国系移民がそれをつくり、自らの中華料理店でサービスし始めたのが、煎餅（フォーチュンクッキー）が中華菓子と信じられるようになったことの起こりです。

　数奇な辻占煎餅の歴史に思いをはせながら、各地の辻占煎餅や辻占菓子で、運試しを楽しんでみてはいかがでしょう。

神奈川大学日本常民文化研究所特別研究員
中町泰子

「つじうら」
飴細工の辻占。　艶があって歯触りの良い有平糖で紙片を巻いた。
（富山県南砺市　山道製菓所）

誕生・育児の祝い

背守り

Semamori

背守りがつけられたTシャツ　最近、背守りの練習帳が出版されたせいか、若いママたちに背守りが人気。

背後から見守る目

背守《せまも》りとは、乳幼児の上衣の背につけるお守りのことをいいます。昔、子どもの着物は背の部分が一枚布でつくられ、背縫いがありませんでした。背縫いがないと危険に身をさらすと考えられました。そこで、背の中心に縫い目をつけたのが元来の形です。神様に見守られ、無事に育ってほしいという母の切なる願いから、背縫いに代わって、背守りが縫いつけられるようになりました。

背守りには、かわいい動物や縁起物の刺繍、押絵紋、縫い目だけのもの、小袋に小豆を入れたものなど、さまざまなタイプがあります。最近は、子どものTシャツの背中に刺繍を入れたり、お守りを縫いつけることが流行りです。

加賀押絵紋背守り

狛犬

鼓胴

パンダ

龍

還暦の祝い

赤いちゃんちゃんこ

Akai-Chanchanko

赤ちゃんに還る歳のお祝い

赤いちゃんちゃんこと頭巾
還暦祝いの定番。

還暦は生まれた年の干支に戻るため、赤ちゃんに戻るともいわれます。昔は生まれたばかりの赤ちゃんには、赤い産着を着せていたため、還暦のお祝いにも、「赤いちゃんちゃんこ」「赤いふんどし」「赤い頭巾」「赤い甚平」「赤い座布団」などを贈るようになったとされます。最近では「赤いパンツ」というのも流行りです。

赤は古くから邪を祓う力のある色、エネルギーの源泉の色とされてきました。還暦は男女とも厄年にあたることから、厄払いのために赤い色が好まれたようです。同時に、赤い色を身につけることでエネルギーをチャージして「いつまでもお元気で」という、健康長寿の願いも込められています。

結納品

Yuinohin

両家を結ぶ贈り物を納める

婚姻の儀式には、結納・結婚式・披露宴の三つがあり、そのうちの結納は婚姻によって二つの家が親類となって結ばれることを、贈り物を交わして、祝い、納める儀式です。一般的には新郎側から新婦側の家に結納品を納めます。これによって婚約という両家の契りが正式なものとなります。仲人さんが間に入って結納品の遣り取りをするのが正式ですが、近頃では簡略化されることもままあります。

結納品は、地域によって、品目の呼び方や納め方など風習が異なります。数は偶数だと割れるので、別れにつながることを嫌って、三品、五品、七品、九品と奇数が選ばれます。大きく見て、関東式、関西式があり、お茶が入る九州式を加えることもあります。いずれにしても、松・竹・梅・鶴・亀などの豪華な水引細工で飾られます。

関西式	熨斗《のし》	結納料	松魚料《まつぎょりょう》 ＊1	寿留女《するめ》	子生婦《こんぶ》	末広	御高砂	家内喜《やなぎ》 多留《だる》(料)	結美和《ゆびわ》
関東式	長熨斗	結納料	勝男武士《かつおぶし》 ＊2	寿留女	子生婦	末広	友白髪	家内喜 多留(料)	結美和
九州式	熨斗	結納料	御知家《おちや》	寿留女	子生婦	末広	友白髪	家内喜 多留(料)	結美和

婚約指輪は結納をしなくても交わすことが多いので、結納品目から外れることもある。

＊1 肴料のこと。本来は雌雄の真鯛を贈っていたが、金銭に代わった。地域によっては「御鯛料」とも。

＊2 鰹節のこと。最近は金銭に代わることも多い。

九州式結納の代表的品目

高砂　老翁と老婆の人形。末長く添い遂げましょうとの願いを込める。

御知茶　お茶のこと。茶の木は苗木の時に植え替えすると、よい茶葉が取れる。植え替えを結婚に見立てる。

子生婦　昆布。昆布の繁殖力に子孫繁栄を願う。

寿留女　スルメ。長期保存できることから、末永く幸せを願う。噛めば噛むほど味の出る夫婦にとの意も。

家内喜多留（料）　柳の木でつくった樽に入った祝い酒。今は金銭に代わることも多い。酒料。

結美和　婚約指輪のこと。

結納料　結納金のこと。もとは帯地や着物地が贈られていたが、それに代わって金銭となった。「御帯料」「小袖料」「帯地料」とも呼ぶ。このお金で結婚式の衣装を準備してくださいとの意味がある。

友白髪　白い麻の繊維を集めたもの。夫婦ともに白髪になるまで仲よくとの願いを込めて。

末広　扇子のこと。末広がりの繁栄を願う。

熨斗　本来は鮑《あわび》を干して伸《の》したもの。のし鮑。最高のおもてなしの気持ちの表れ。

出雲の祝い風呂敷

—宮井コレクションから—

出雲地方では、嫁入り支度として、二幅・三幅・四幅の三枚揃えの風呂敷、夜着《やぎ》、布団地、たんすや長持に掛ける油単《ゆたん》類、提灯袋、傘袋、鏡掛け、足拭きなどの布類一式に、定紋を入れたものを、藍染めであつらえる風習がありました。これらの布を嫁入り道具に掛けたりして、婚礼のおめでたい品々であることが一目でわかるようにしたのです。これらは筒描という手法で染められていました。

今では、たんすも長持も鏡台も嫁入り道具ではなくなり、この風習もすたれました。筒描藍染めができる工房も減り、わずかに風呂敷だけにはその風習が残っています。

京都の風呂敷製造卸売問屋である宮井株式会社は、そうした状況を憂い、昭和四三年に「嫁拵え」や「孫拵え」と呼ばれる出雲地方の習俗や筒描の技術保存を目標に、大正時代の仕様に基づいた一式を出雲紺屋に発注し、コレクションに加えています。今回はその中から一部を紹介します。

掛け布団鏡表地
定紋　松竹梅鶴亀模様（木綿）
162 × 138㎝

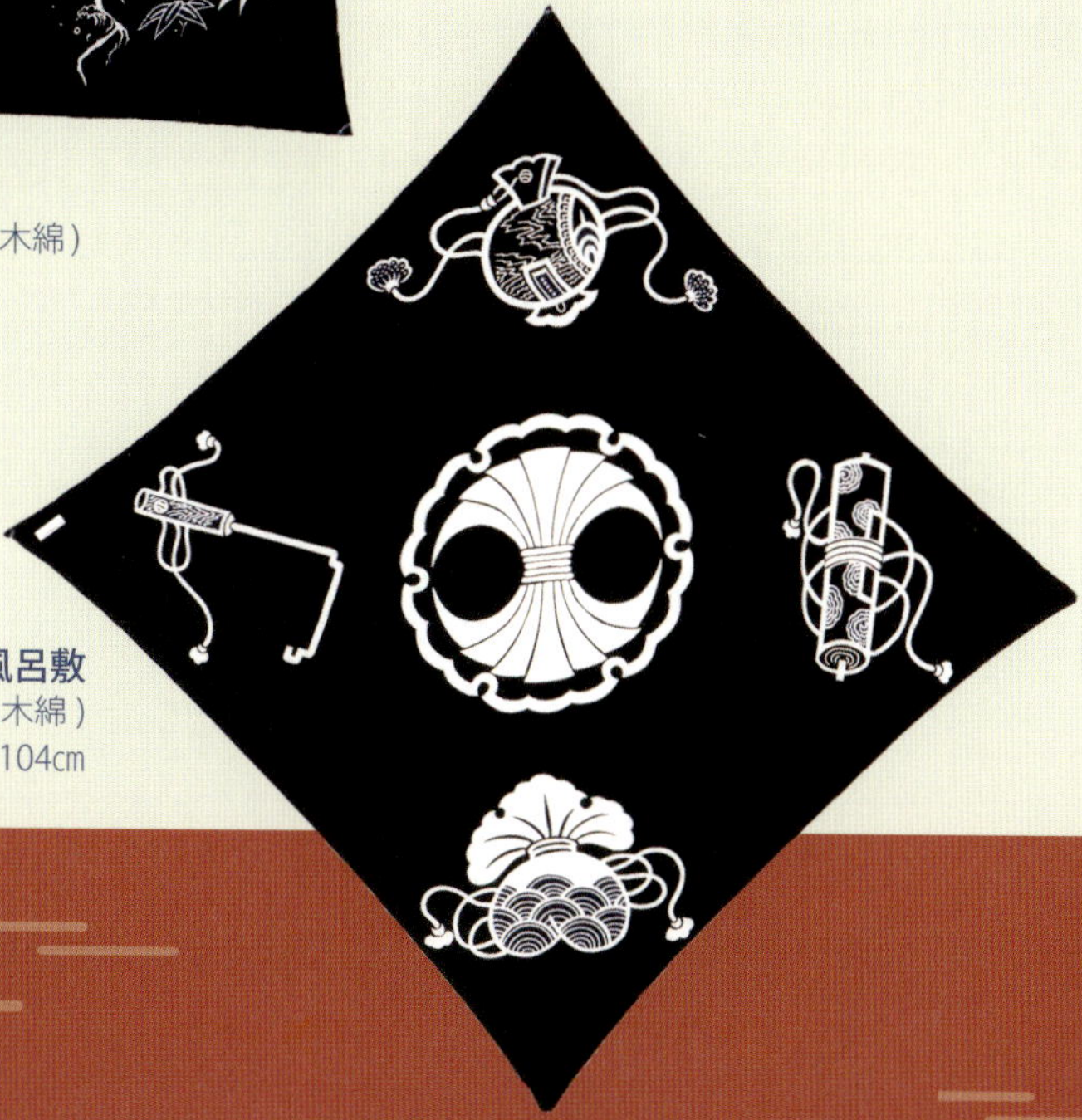

風呂敷
定紋　宝尽模様（木綿）
106 × 104㎝

鏡掛け
定紋　松に折鶴模様（木綿）
93 × 33.5㎝

敷き布団鏡表地
定紋　宝船模様（木綿）
161 × 102㎝

傘袋

定紋（木綿）

79 × 10.7 × 15㎝

足拭き

足型模様　（木綿）

73.5 × 68.5㎝

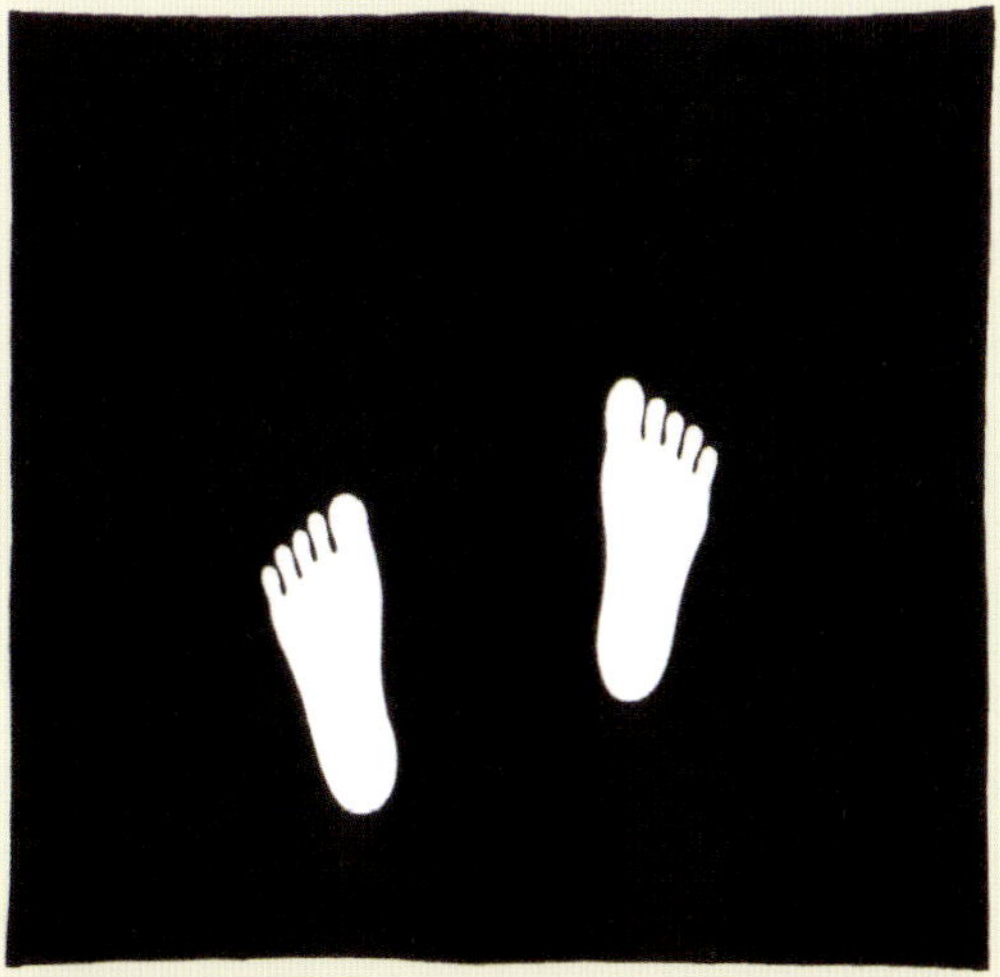

引出物
Hikidemono

婚姻の祝い

祝い事のおすそ分け

千代結び　縁結びの神様として崇敬を集める多賀大社の門前で売られている多賀の銘菓。千代の代まで末永くとの願いが込められている。（滋賀県多賀町　壽屋）

おいり　西讃地方の伝統的な婚礼の祝い菓子。あられの「煎る」と婚家に「入る」をかけたネーミング。心を丸くもって、まめまめしく働くようにとの意味があり、花嫁の持ち物。（山下おいり本舗　香川県三豊市）

「蓬莱山」　大きな饅頭の中に、小さな饅頭が入っていて、子持ち饅頭とも呼ばれる。子孫繁栄の願いが込められている。（山梨県富士河口湖町　金多留満）

引出物とは、結婚式などの祝い事において、招待客に贈られるお土産品をいいます。平安時代に、贈り物として用意された馬を庭に引き出して見せたことが語源とか。いずれにしても古くからの習慣です。かつては、背側と腹側が一対になって夫婦円満の象徴とされた鰹節や、砂糖が貴重品だった頃には、縁起物の鯛などをかたどった砂糖などが引出物として重宝されました。

披露宴が派手になった昨今では、記念品と引菓子と縁起物をセットにして贈ったり、ギフトカタログが使われたり、引出物も様変わりしています。鰹節は削り節になっても相変わらず定番の位置を保っていますが、昔からの縁起物、地方の特産品、その土地ならではの伝承品を選ぶカップルも増えているようです。

細工かまぼこ 鯛、鶴、亀、宝船など縁起物がぎっしりつまったかまぼこセット。(富山県富山市　梅かま)

鰹節(左)と砂糖詰めの鯛(右)
鰹節は背側と腹側を一対にして贈った。

水引 Mizuhiki

豪華な水引が祝い事を盛り上げる

水引とは、祝儀・不祝儀の袋や贈答品の包み紙などに掛けられる飾り紐のことです。和紙をこより状にして水糊を引いて固め、このままか金銀のうすい紙や細い繊維状のものを巻いて使われます。

結び方には基本的に二タイプあり、「あわじ結び」「輪結び」などと呼ばれる、一度結んだらほどけない結びきりのものと、「行結び」「蝶結び」とか呼ばれる、ほどくことのできる花結びのものがあります。結びきりタイプは、結婚、弔事、病気見舞いなど、二度と繰り返してほしくない場合に使われます。一方花結びタイプは、出産、新築、その他各種の祝いなど、何度繰り返してもよい祝い事の場合に使われます。

色の組み合わせも気をつけないといけないことのひとつで、赤白は祝い事全般に、金銀は結婚祝いや結納に、白黒や白黄は香典やお供えの場合に使います。結納には、松竹梅や鶴亀、宝船などの工芸品に近い、豪華な水引飾りが添えられ、さながら水引が主役の感があります（→94ページ結納品）。

松竹梅

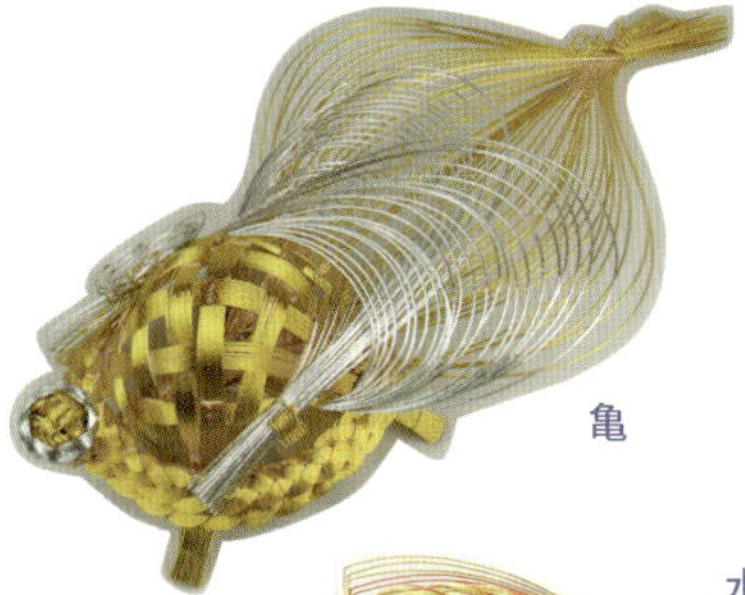

亀

鶴

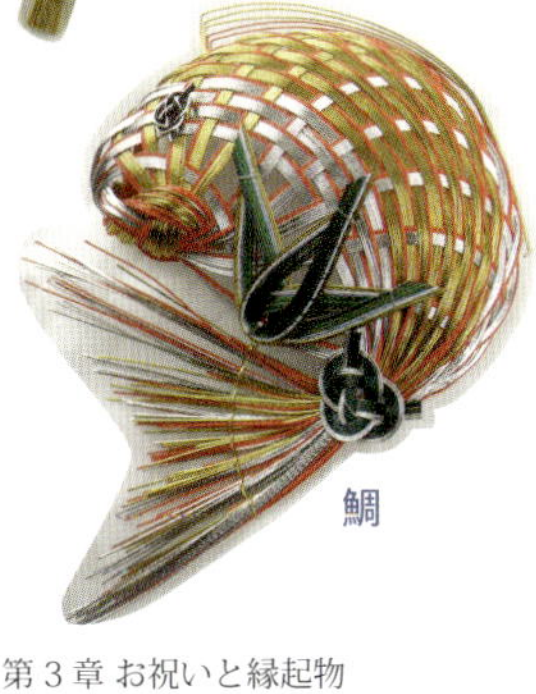

鯛

水引飾り　結納をはじめ、結婚、誕生日、初節供、上棟祝いなどの祝い事に使われる。水引飾りは、すべて手仕事によって丹念につくられている。

宝船

第4章
動物・植物と縁起物
Animals, Plants, and *Engimono*

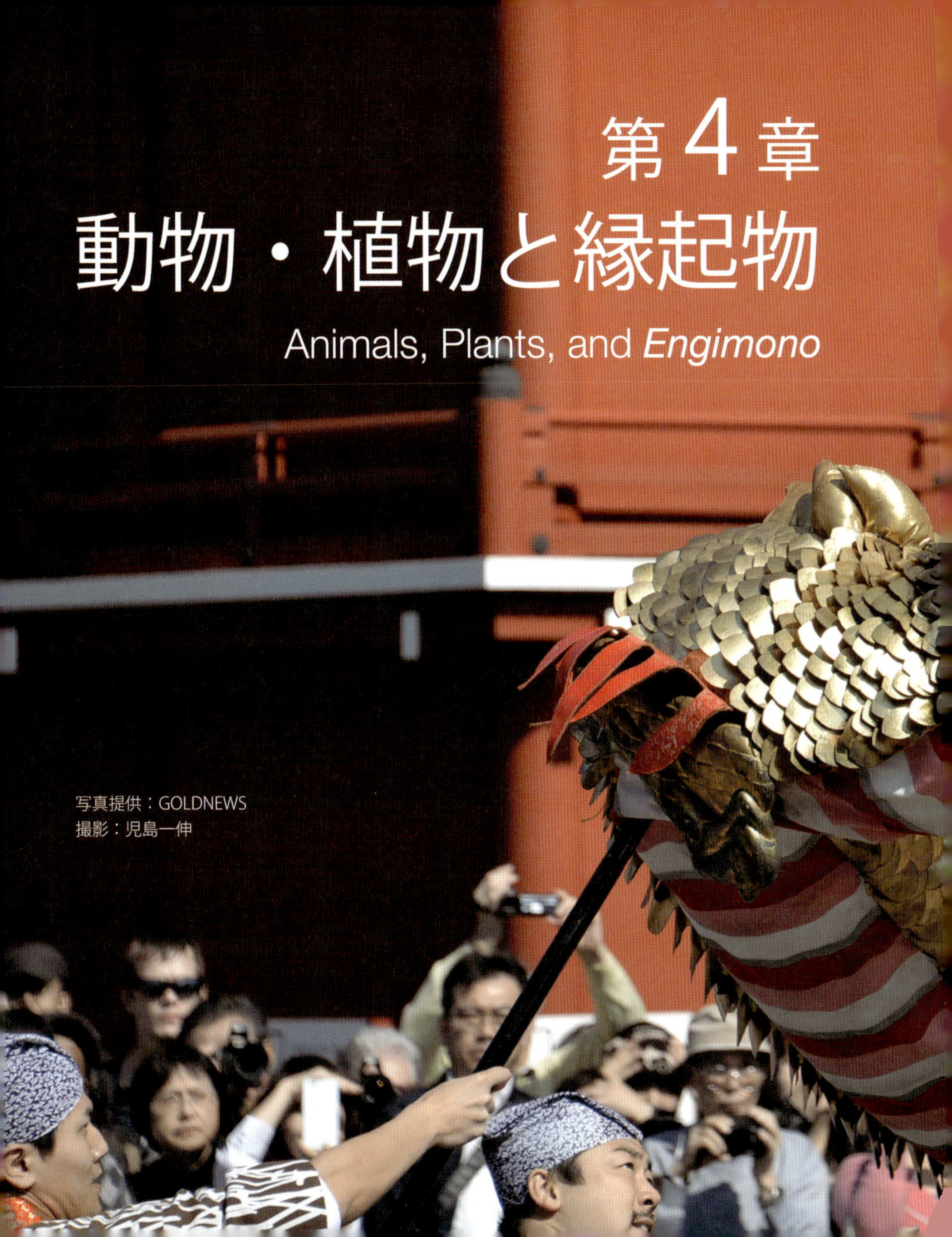

写真提供：GOLDNEWS
撮影：児島一伸

猿 Saru

神様のお使い

千足猿　手捻りの猿を組み体操のように重ねたもので、「喜びが重なるように」という招福・家内繁栄の縁起物。住吉大社（大阪市住吉区）

オオナムチノカミの化身 庚申《こうしん》さんのお使い

猿を神の使いとするのが、比叡山のふもとにある日吉大社。ここは平安京の表鬼門（北東）に位置し、都を守る社として崇敬されましたが、オオナムチノカミは猿の姿でこの地に出現されたと伝わります。

猿は庚申信仰とも結びついています。庚申信仰では庚申《かのえさる》の日に、人のお腹の中に住んでいる三尸《さんし》という虫が、人が寝ている間に這い出して天に昇ってその人の罪を密告し、密告された人は長生きできないと信じられていました。人々は、庚申堂に三尸の虫を抑える青面金剛《しょうめんこんごう》を祀り、そのお使いとされる猿を布でつくって祠に奉納したり、家の軒下にくくりつけたりして、さまざまな願をかけたのでした。

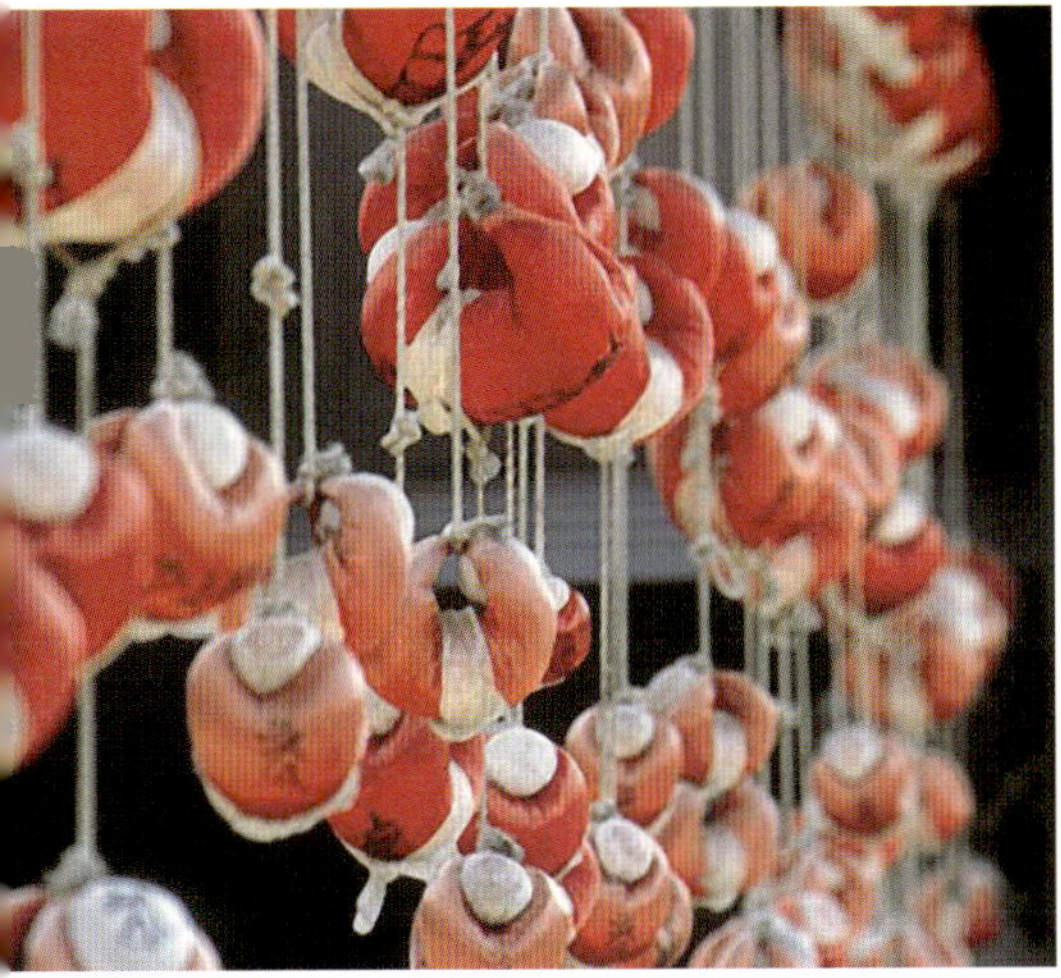

身代わり猿　厄災が振りかかりそうになった時に、身代わりになってくれることから「身代わり猿」と呼ばれる。庚申堂（奈良県奈良市）。

奈良町の庚申堂　堂内には青面金剛が祀られている。屋根の上には「見ざる、言わざる、聞かざる」の猿の三態を現した像が載る。（奈良県奈良市）

神猿「まさる」のおみくじ
「魔が去る」「勝る」に通じる。紐を引っ張るとおみくじが出てくる仕掛けになっている。日吉大社（滋賀県大津市）

烏 Karasu

八咫烏の絵馬　八咫烏は三本足の烏として描かれることが多い。中国古来の、太陽崇拝とむすびついた三足烏の影響と思われる。八咫烏は日本サッカー協会のシンボルマークともなっている。熊野若王子神社（京都市左京区）

迷った時の導きの神鳥

『古事記』によると、熊野から大和に入ろうとして、熊野山中で道に迷った神武天皇の道先案内をしたのが、アマテラスオオミカミによって遣わされた八咫烏《やたがらす》です。この故事によって、熊野三山（熊野本宮大社、熊野速玉大社、熊野那智大社）では、烏は神の使いとして信仰され、熊野のシンボルとなっています。

熊野三山で授与される護符、牛王《ごおう》宝印にはいくつかのパターンがありますが、烏の図柄が使われることが多く、かつては裏に誓約を書いて、熊野の神に誓う誓約書として使われました。誓約を破ると、熊野の神の使いである烏が三羽死ぬとか、誓いを破ったものは吐血して死ぬとか、その護符には強力な霊力があると信じられていました。豊臣秀吉や徳川家康らは、この熊野誓紙に誓約を書いて主従関係を結んでいます。

烏うちわ 7月20日のすもも祭りの当日のみ授与される。このうちわであおぐと、病気平癒、厄除け、害虫駆除などに霊験ありとされる。大國魂神社（東京都府中市）

熊野速玉大社の牛王宝印 牛王（牛黄、牛玉とも）とは、牛の胆石からとった霊薬といわれる。この護符を戸口やかまどの上に貼って、災難除け、火除けとした。病気の時は、烏の図柄を切り取って水に浮かべ、その水を飲むと治るとされた。熊野速玉大社（和歌山県新宮市）

巳《み》さん杉　この杉の洞に白い蛇が棲んでいるとされ、その蛇を見ると縁起がいいとする言い伝えがある。蛇の好物の卵が、常時、供えられている。大神神社（奈良県桜井市）

神様のお使い

蛇 Hebi

不気味だからこそ神聖

蛇はさまざまなイメージを人間に与えます。細長く這って進む、とぐろを巻くなどの奇怪な形から不気味がられますが、脱皮、冬眠をすることから命の再生のイメージも強く、また強い毒をもつ毒蛇には無敵の強さのイメージもあります。頭に蛇を戴く人面がついた縄文土器もあり、命の継続がなによりだった大昔から、命の根源の象徴として、強い信仰を集めました。

その蛇を神様の使いとするのが、大神神社《おおみわじんじゃ》で、背後の三輪山がご神体です。三輪の神を蛇とする話はいくつかあり、「三輪の神、オオモノヌシの妻が、夜しかやってこない夫に、〝あなたの顔をよく見たい〟と頼むと、翌朝、櫛箱の中に小蛇となって現れた」という伝説がよく知られています。

小野照崎《おのてるさき》神社の蛇土鈴　水の神でもある蛇を敬って、水難除けとするお守り。小野照崎神社（東京都台東区）

奥澤神社の厄除絵馬　藁でつくった大蛇を担いで練り歩く「厄除大蛇のお練り」供養が、毎年９月に行われる。奥澤神社（東京都世田谷区）

神様のお使い

鳩 Hato

宇佐八幡宮のお守り
八幡大神（応神天皇）が降臨した時の様子が描かれている。宇佐八幡宮（大分県宇佐市）

金鳥の姿で顕現した八幡大神

全国に四万社あるといわれる八幡神社の総本宮は宇佐八幡です。ここに祀られている応神天皇は、山頂の巨石から金色の鳥の姿で顕現し、後に金鳩になったとされます。また、宇佐八幡から石清水八幡に遷座する時にも、金の鳩が現れたという伝承があり、これらのことから、鳩が八幡様の使いとされるようになりました。

東京にある鳩森八幡神社の縁起によると、「この地ではめでたいことが起きる前兆に瑞雲がたびたび現れた。その日も空から白雲が降りてきたので、村人が見にいくと、突然たくさんの白鳩が西方に飛び去った。よってここに小さな祠をつくった」とあります。平安時代に応神天皇・神功皇后をお祀りして、八幡神社となったそうです。

鳩森八幡神社の鳩みくじ
（東京都渋谷区）

鹿 Shika

鹿島立守 春日に鹿を送り出した鹿島神宮のお守り。開運出世や新たな旅立ちの成功を祈願する時に。鹿島神宮（茨城県鹿嶋市）

神様は鹿に乗ってやってきた

鹿の角は毎年生え変わります。古い角が落ちて、春先に次の角となる袋角が現れ、すぐに硬く枝別れして新しい角となっていきます。

古代の人々は、この毎年繰り返される再生に無限の生命力を、木の枝と見間違うばかりの見事な角に霊性を見たのでしょう。鹿の袋角（鹿茸《ろくじょう》）は貴重で、眼病の薬、強壮剤としても使われました。

奈良公園には千二百頭の鹿が、半野生で暮らしています。昔から鹿は春日の神の使いとして、大事に保護されてきました。春日大社の祭神武甕槌命《たけかめづちのみこと》が、常陸の国鹿島から鹿の背に乗ってやってこられたと伝わるからです。平安時代、貴族は最初に出会った鹿に、牛車から降りて拝礼したほどです。

宮島の鹿猿土鈴 宮島には多数の鹿が生息している。鹿は泳いで島にやってきたという伝説があり、その後猿が増えてくると、猿は鹿の背にのってやってきたといわれるようになった。その伝説を玩具にしたもの。（広島県廿日市市）

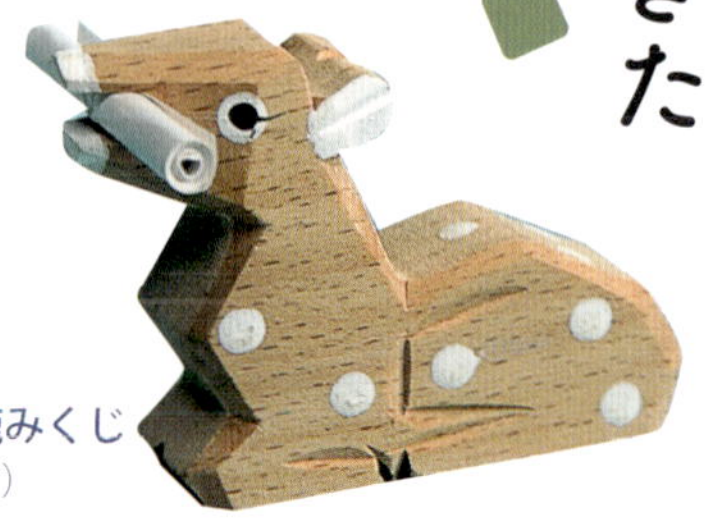

春日大社の鹿みくじ（奈良県奈良市）

神様のお使い

狼 Okami

御眷属様として篤い信仰

三峯神社
（埼玉県秩父市）

三峯神社のオイヌサマ像　オイヌサマとは御眷属様のこと。崇敬者によって奉納された。

三峯神社のお札

狼は大昔から日本人の身近にいた動物で、万葉集や風土記では、「大神」「大口真神《おおくちのまかみ》」の字があてられています。明治のはじめころまで、ニホンオオカミはまだ各地に生息していました。

狼は農作物を荒らす猪や鹿の天敵です。農民は狼を「眷属《けんぞく》」として祀る神社のお札をいただき、それを戸口や神棚に貼ったり、お札を挟んだ棒を田畑の畦に立てて害獣除けとしました。

今でもその信仰が生きているのが、秩父の三峯神社です。御眷属様のお札を一年間拝借して、猪・鹿除け、火災・盗難除けなど、家族や地域の守護をお願いします。

御眷属様とは日本武尊《やまとたける》の道案内をした白い山犬のことで、三峯神社の神の使いとされています。

神様のお使い

狐 Kitsune

鉄砲狐　よいご縁を招いてくれるものとして、商売繁盛、家運隆盛のお守り。花園稲荷神社（東京都台東区）

口入狐　口入とは結婚、就職などの良縁を取りもつ仲人のこと。立ち姿の羽織狐と座り姿の裃狐がある。縁談のお願いは金色の裃狐にお願いして、願いがかなったら銀色の裃狐と一対にして奉納する。口入稲荷神社（東京都台東区）

稲荷明神の祠両脇に控える

全国にある神社の約三分の一を占めるのが稲荷神社です。お稲荷さんといえば狐。狐霊を信心すれば、災いを払ったり、凶事を知らせたりして、幸運に導いてくれるという信仰はすでに平安時代に盛んになっていたようです。狐が稲荷明神のお使いとなったのは、昔、平安京の北にいた異形の狐夫婦と五匹の子狐が稲荷山に参って、稲荷明神の神前で従者にしてほしいと真摯に頼み、それに感じ入った稲荷明神が霊力を与えてからとのことです。稲荷神社にある狐像は雌雄一対であることが多く、祠の扉についている栓をあける鍵をくわえています。

塩尻市・桔梗ヶ原の「玄蕃乃丞《げんばのじょう》」という狐にはたくさんの子分がいて、大名行列とか嫁入り道中を演じてみせたといいます。そのほか、和泉国の信太《しのだ》の森の白狐も有名な狐です。化けたり、化かしたり、油揚げが好物だったり、数々の霊験あらたかな話に登場しており、強い霊力を感じさせます。

暫狐《しばらく》 江戸後期に、九代目市川団十郎が歌舞伎狂言「暫」を上演するにあたり、王子稲荷に祈願したところ、大当たりとなったことに因む。竹串を上下させると手にしている扇が動くようになっている。王子稲荷神社（東京都北区）

王子の狐 王子稲荷の授与品。頭は境内にある銀杏の実が素材。王子稲荷神社（東京都北区）

狐火の絵馬 江戸時代、大晦日に王子稲荷神社近くの大榎の下に見える狐火の多少で、翌年の作柄を占った。その狐火は、王子稲荷神社に参拝するために、装束を正して関東一円の稲荷神社から集まってきた神狐がともすものと信じられていた。安藤広重の絵をもとにした絵馬。王子稲荷神社（東京都北区）

動物

燕 Tsubame

軒先につくられた燕の巣　親鳥がえさを運んでくるのを雛たちが待っている。

常世からやってきて幸をもたらす

春から初夏にかけて、燕が巣をつくりはじめると、「ああ、春だ。今年もまた燕がやってきた…」と、うれしくなります。そう、燕は渡り鳥。毎年決まった時期にやって来て、人家の軒先などに巣をつくり、卵を産んで、雛を育て、去っていきます。巣立った若い燕は、秋には海を越えて、南方で冬を越します。

樹林や草原ではなく、人に近いところに巣をつくるのは、人の出入りが多いと、蛇や雀、烏などから卵や雛を守ることができると知っているからだといわれます。

昔から、燕は、「はるかな常世の国から先祖同様に渡り来る鳥ゆえ、長寿と富貴と愛をもたらす春の神の使者である」とされていました。

「燕が家に巣をかけるとその家は栄える」という伝承もあり、人々は喜びをもって燕を迎えます。営巣した家では、巣が落ちやしないか、雛がかえるか、無事飛び立てるかと、まるでわが事のように心配するのです。燕と人との幸せな関係、ずっと続きますようにと祈るばかりです。

寂光院紙つばめ　昭和 40 年頃まで例祭の時に授与されていた。参拝を終えた農家の人が、田の畦に立てて豊作を祈ったという。寂光院（愛知県犬山市）

神輿　神様が移動する時の乗り物で、神の一時的な居所であるため、普段の住まいである神社を模した構造になっている。

動物

龍・鳳凰

Ryu, Ho-o

中国古来の神獣

中国では古来、龍や鳳凰が天を支配する天帝と人間界の仲立ちをする神獣と考えられていました。伝説上の王・黄帝は龍に乗って昇天します。龍は神々の乗り物であり、使者でもありました。始皇帝が天帝に代わって地を治めるものとして、皇帝と初めて名乗ると、龍は中国皇帝のシンボルとなっていきます。

一方、鳳凰は聖天子、つまり立派に国を治める王がたった時の、天下泰平の兆しとして現れる瑞鳥で、甘い泉の水だけを飲み、六十年に一度しか実をつけないとされる竹の実を食べ、梧桐の木にしか止まらないとされます。

鳳凰は日本でも格式を表す意匠として使われ、天皇の乗り物であった鳳輦《ほうれん》の屋根には、金色の鳳凰がついていました。やがて、神様が移動する時の乗り物として神輿《みこし》が登場すると、その屋根には鳳凰が、鳥居には龍がつきものとなりました。この他にも、雅楽では、右舞の時に

右鼉太鼓の火焔部分に彫られた鳳凰。

屋根には金色の鳳凰が翼を広げて、神の到来を人々に告げる。

鳥居に龍がまきつき、鳥居から奥の神域を守っていることを表している。

打たれる右の鼉《だ》太鼓には鳳凰が、左舞の時に打たれる左の鼉太鼓には龍が彫られています。

動物

蛙 Kaeru

身代わり蛙　たくさんの片目をつむった蛙がお地蔵様に奉納されている。目の悪い旅人を憐れんだお地蔵様が境内の蛙に頼んだところ、喜んで片目を旅人に与えたという故事に因む。木之本地蔵院（滋賀県長浜市）。

帰る・返る・買える・代える

米作りや水田と結びつけてイメージされることの多い蛙は、古くから、田の神様の使者とみなされてきました。また、水を呼び寄せる霊力をもった水神様として、とくに修験道では、雨乞いや火伏せの効験が説かれ、それに因んだ伝承や行事が残っています。

私たちの日常生活に近いところでは、これから家に帰ることを家族に知らせる「カエルコール」。これはＮＴＴのＣＭが出所ですが、もはや一般名詞となっています。

旅行などから「無事帰る」ことをお願いするお守り蛙がいたり、財布の中に納まっている「お金が返る」「安く買える」祈願のお金蛙がいたり、なかなか殊勝な身代わり蛙がいたり、庶民に人気の小動物です。

二見蛙　昔は生きた蛙を奉納していたが、いつしか置物に変わった。神社で授けられるお守りは「無事帰る」「貸したものが返る」「若返る」などのご利益があるとされる。二見興玉神社（三重県伊勢市）

植物

瓢箪 Hyotan

新大阪駅の「千成びょうたん」 大阪の玄関口にて秀吉の馬印が迎える。千成びょうたんは大阪府の府章のモチーフにもなっている。

空洞に神が宿る

瓢箪《ひょうたん》の一般的な利用方法は、中をくりぬいて乾燥させ、その空洞を利用するものです。昔の人々は空洞には神が宿ると考えました。中国では空洞の中に不老不死の別世界があるとされ、仙人に欠かせない持ち物でした。

日本では容器として利用されるものは瓢《ひさご》とよばれ、『日本書紀』には、仁徳天皇の御世に、水神の意を伺うために瓢が使われた話が出ています。

瓢箪三つで「三拍子（三瓢子）揃って縁起がいい」、六つで「無病（六瓢）息災」と、掛け軸の図柄にもなりました。千個、つまりたくさんなれば「千成瓢箪」と子孫繁栄の象徴。千成瓢箪は豊臣秀吉の馬印で、戦いに勝つ度に馬印の瓢箪を増やしていったそうです。

出世開運守り 秀吉を祀った豊国神社では、関白にまで登り詰めた太閤さんにあやかろうと、出世祈願する人が後を絶たない。豊国神社（京都市東山区）

植物

椿 Tsubaki

縁起菓子「糊こぼし」 お水取りの供華、椿の造花に因んだお菓子。お水取りの時期に限定販売される。糊こぼしとは、東大寺開山堂にある名椿のこと。（奈良県奈良市　萬々堂通則）

艶やかな葉は生命の象徴

椿は葉が厚くて光沢があり、昔の人は艶やかな葉に元気をもらったようです。「艶葉木《つばき》」が名前の由来とか。古くは神木でした。『日本書紀』によれば、景行天皇が土蜘蛛を征服する時に、椿の木で槌をつくり、これを武器にしたという話が出ています。平安時代に、正月初卯の日に地面を叩いて悪鬼を追い払う儀式に使った卯杖《うづえ》にも、椿の木が使われました。

東大寺二月堂の春を呼ぶ行事「お水取り」。須弥壇の四隅を飾るのは椿の枝木です。この枝に咲くのは、タロの木を花芯に、黄、赤、白の紙を貼り付けた造花の椿です。椿は豊作を祈願して観音様にお供えする供華《くげ》であり、聖花です。

東大寺二月堂お水取りの供華

奈良県奈良市

椿の造花 この造花は別火坊にこもって精進潔斎をした練行衆がつくる。これを椿の枝につけて須弥壇を荘厳する。

植物

南天 Nanten

郡上八幡町の南天玉　南天の出荷量が全国一の郡上市八幡町では、毎年盛大に「ふるさと南天まつり」が行われる。

難を転じる縁起木

南天は、「難転」に通じることから、縁起物の木として重宝されました。お正月には、「難を転じて福となす」という意味で、福寿草とセットで床の間に飾られたりもしました。

南天の実はなかなか落ちずに長もちするので、慶事の飾り物にはうってつけでした。

昔はトイレのそばに植えられたものです。「難を転じて」、便秘を避けるとか、災難から逃れて家が栄えるとか。江戸時代には南天を庭に植えると火災除けになるとされました。

南天の実は咳止めなどの作用がある生薬です。葉には防腐効果があるとされ、赤飯などを重箱につめる時に、その小枝を添える風習もまだ健在です。

南天の供華　椿は造花だが、南天の実は日持ちするので、そのまま実物を使う。

栗 Kuri

植物

三献の儀のお膳 室町時代から出陣や帰陣の時に「三献の儀」という儀式が行われた。打ち鮑、搗栗、昆布を酒の肴に、三度ずつ酒を飲み干すというもの。結婚式の固めの杯「三三九度」にその形が残っている。

搗栗《かちぐり》は勝栗に通じる

栗は木も実も、縄文時代の昔から、暮らしに欠かせない樹木でした。青森県の三内丸山縄文遺跡からは、直径一mにも及ぶ栗の大木を柱にした大型建造物の跡が発掘されています。実は甘くておいしいうえに保存がきくので重宝され、重要な食料でした。

栗の実を蒸してから乾燥させ、臼で軽く搗《つ》いて殻と渋皮を除いたものを搗栗といいます。「搗《かち》」は「勝ち」に通じるので、縁起物として、武家では出陣式や勝利の祝い膳に供されました。

現在でも、正月のお節料理の栗金団《きんとん》、九月九日の栗(菊)節句にいただく栗ご飯、旧暦九月の十三夜の栗名月にお供えする栗など、栗は季節の行事とも密接に結びついています。

和菓子「栗名月」 旧暦九月の十三夜は、その頃にとれる栗などを供えたことから別名「栗名月」と呼ばれる。それに因んだ縁起菓子。(虎屋)

◉写真・資料提供（敬称略　五十音順）

味の素株式会社／飯田水引協同組合／生田神社／石井神社奉賛会／いずもまがたまの里伝承館／一般社団法人出雲観光協会／岡部尚子／小野照崎神社／加賀友禅の店　ゑり華／笠間稲荷神社／株式会社梅かま／株式会社かまわぬ／株式会社紀文食品／株式会社金多留満／株式会社ケイス　濱文様／株式会社珍樹園／株式会社虎屋／株式会社マルジ／株式会社萬々堂通則／株式会社宮島工芸製作所／株式会社宮本卯之助商店／神棚の里／「季節の花 300」／キッコーマン株式会社／木之本地蔵院 ／京都五山送り火連合会／切替遼子／郡上八幡南天生産組合／久保貴史／公益社団法人上越観光コンベンション協会／鴻巣市・鴻巣の赤物保存会 ／児島一伸／佐藤研／佐野有子／沢井啓祐／寂光院／住吉大社／全国結納センター／宗谷圭／中町泰子／奈良市観光協会／西宮神社／日本鏡餅組合／浜松観光コンベンションビューロー ／東川内香澄／日吉大社／福助株式会社 ／フーズリンク／二見興玉神社 ／文京区／溝口政子／三峯神社／宮井株式会社／三輪惠比須神社／もちがせ　流しびなの館／有限会社魚幸／有限会社昇苑くみひも／ Oita Made ／ GOLDNEWS

◉参考文献

『日本のお守り　神さまとご利益がわかる』 畑野栄三監修　池田書店　2013
『ご利益別　お守り図鑑』 神徳功徳研究会　文藝春秋　1987
『お守り動物園』 INAX BOOKLET INAX 出版　1996
『神秘の道具　日本編』 戸部民夫　新紀元社　2001
『世界大風呂敷展　布で包むものと心』 国立民族学博物館　2002
『かたちの謎を解く　魔よけ百科』 岡田保造　丸善　2007
『年中行事読本』 岡田芳朗・松井吉昭　創元社　2013
『「旬」の日本文化』 神崎宣武　角川学芸出版　2009
『日本のしきたりがわかる本』 新谷尚紀監修　主婦と生活社　2008
『日本人のしきたり』 飯倉晴武編著　青春出版社　2003
『世界大百科事典』 平凡社
『日本大百科全書』 小学館
『民俗学辞典』 柳田国男監修　民俗学研究所編　東京堂出版　1951
『縮刷版　日本民俗事典』 大塚民俗学会編　弘文堂　1994
『日本年中行事辞典』 鈴木棠三　角川書店　1980
『三省堂年中行事事典　改訂版』 田中宣一・宮田登編　三省堂　2012

あとがき

あなたは、日本の魅力を紹介できますか？

いま、日本を訪れる外国からの観光客が増えています。

かつて、日本は経済大国として世界に知られていましたが、最近は日本の文化を世界にアピールする動きが見られるようになりました。また、このところ世界からも日本の文化に大きな関心が寄せられています。

そんななかで、あなたなら、外国の人たちに日本の文化として何を伝えますか？四季のある豊かな自然、そしてそこから生み出され、大切に受け継がれてきた食べ物、ものづくりの技、芸術、行事、しきたりなど、数えあげればきりがありませんが、これらもまた、日本の大きな魅力ではないでしょうか。そこには、先人たちが育んできた「こころ」もしっかりと息づいています。

日本で生まれ育った私たちには当たり前のことでも、外国の人たちには不思議に見えることがあったりします。そこで、日本の自然と文化の魅力を、まず私たち自身が見直し、学び直し、それらを後世と世界の人たちに伝えていきたい。そうした想いをこの「日本のたしなみ帖」というシリーズに込めました。

このシリーズが、私たちの暮らしをより健やかに愉しく、こころ豊かにするきっかけとなり、さらに、異文化理解の一助になることを願ってやみません。

Afterword

Can you introduce people to the things that give Japan its charm?

What is appealing about Japan to you?

Once, Japan was known around the globe as an economic great power, but in more recent years there have been visible moves to emphasize the attractions of the country's culture to the outside world. Furthermore, people elsewhere have likewise been demonstrating great interest in Japanese culture these days.

Japan has a rich natural environment with a beautiful landscape that shows off the changing seasons. This combination has produced so many charming features that have been carefully maintained over the centuries that one could never count them all, spanning food, techniques of craftsmanship, performing arts, observances, and customs. The "soul" that our forerunners nurtured likewise remains a robust presence.

Some of the things that are a matter of course to we who were born and have grown up in Japan may even seem mysterious to non-Japanese. In that light, we ourselves want to first take a fresh look at what's appealing about Japan's natural environment and culture, learn it anew, and then pass on what we have learned down the generations and out into the wider world. That sentiment has been infused into the *Nihon no tashinami-cho* [Handbooks of Japanese taste] series.

It is our hope that this series will present opportunities for the lives of its readers to become more healthy and enjoyable, enrich their spirits, and furthermore for taking a fresh look at their own cultures.

装幀
宇賀田直人

表紙カバー・帯図案
榛原聚玉文庫所蔵　榛原千代紙「牡丹」

編集制作
包編集室（嶋岡尚子）＋谷川由布子

編集制作協力
黒澤悠、柳平和士、園田千絵

撮影
設楽政浩

英訳
Carl Freire

本文デザイン
安仲紀乃

日本のたしなみ帖

縁起物

2016年3月3日　第1刷発行
2017年11月1日　第2刷発行

編――『現代用語の基礎知識』編集部

発行者――伊藤滋
発行所――株式会社自由国民社
東京都豊島区高田3-10-11
03-6233-0781（営業部）
03-6233-0788（編集部）
03-6233-0791（ファクシミリ）

印刷――株式会社光邦

製本――新風製本株式会社